うさぎと　かめ

文●立原えりか
絵●高畠ひろき

「かけっこなら　ぜったい　いちばんだ」
うさぎが　いいました。
「ぼくだって　ぜったい　いちばんだよ」
かめが　いいました。
「よーし、きょうそう　してみよう」
のはらを　こえて、山を　こえて、
さあ　いくぞ。

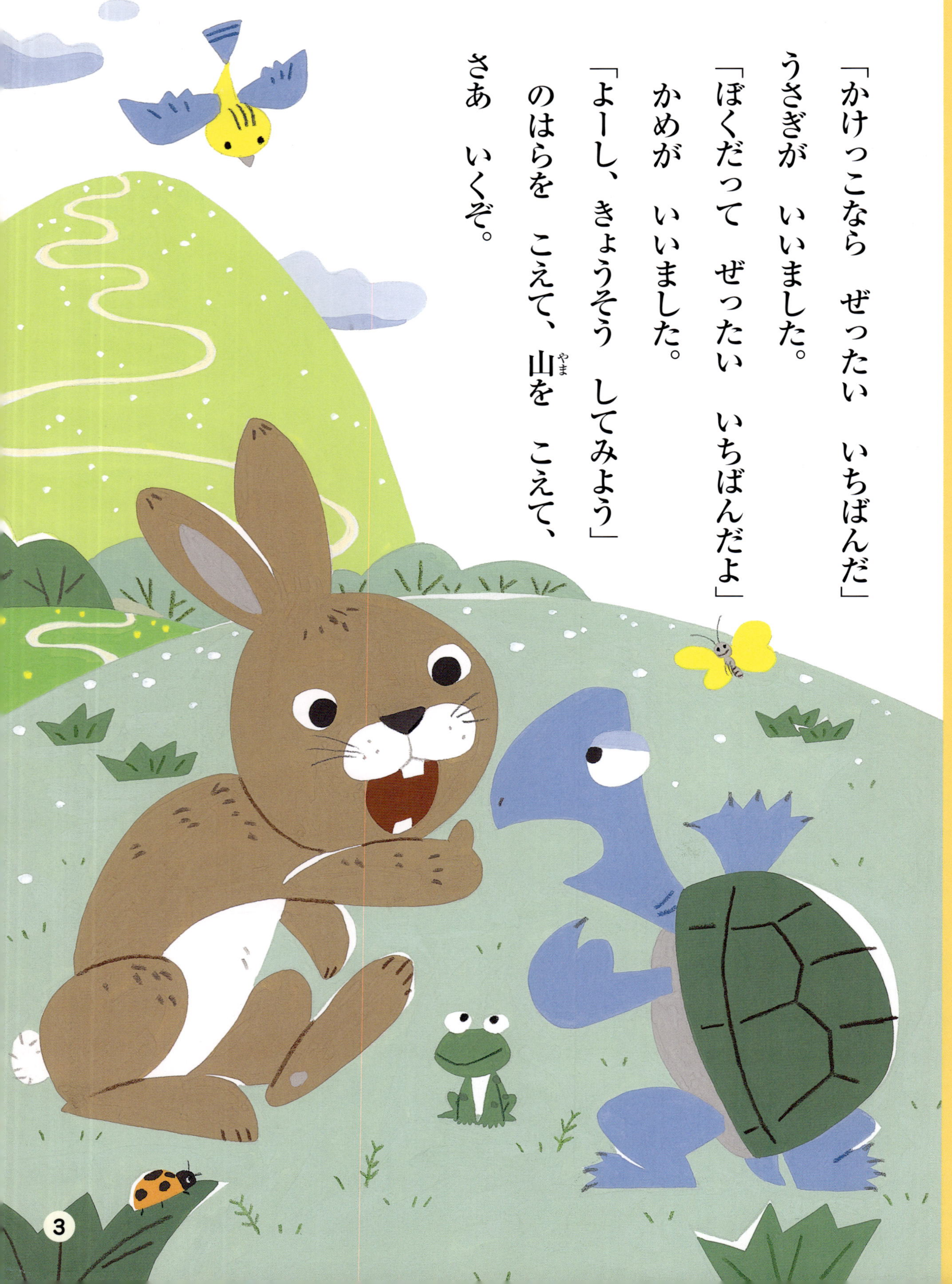

うさぎは　ぴょんぴょん　はしります。
かめは　のそのそ　あるきます。
うさぎは　たちまち　のはらを　こえて、
山に　のぼって　うしろを　見ました。
「かめったら、まだ　のはらに　いるぞ。
あのスピードじゃ、山に　のぼるまで　一日　かかるな」
うさぎは　あくびを　ひとつ　して、
ひとやすみする　ことに　しました。
「ああ、ねむくなっちゃった」
すやすや　ぐうぐう、すやすや　ぐうぐうぐう。
うさぎは　いつのまにか
ぐっすり　ねむって　しまいました。

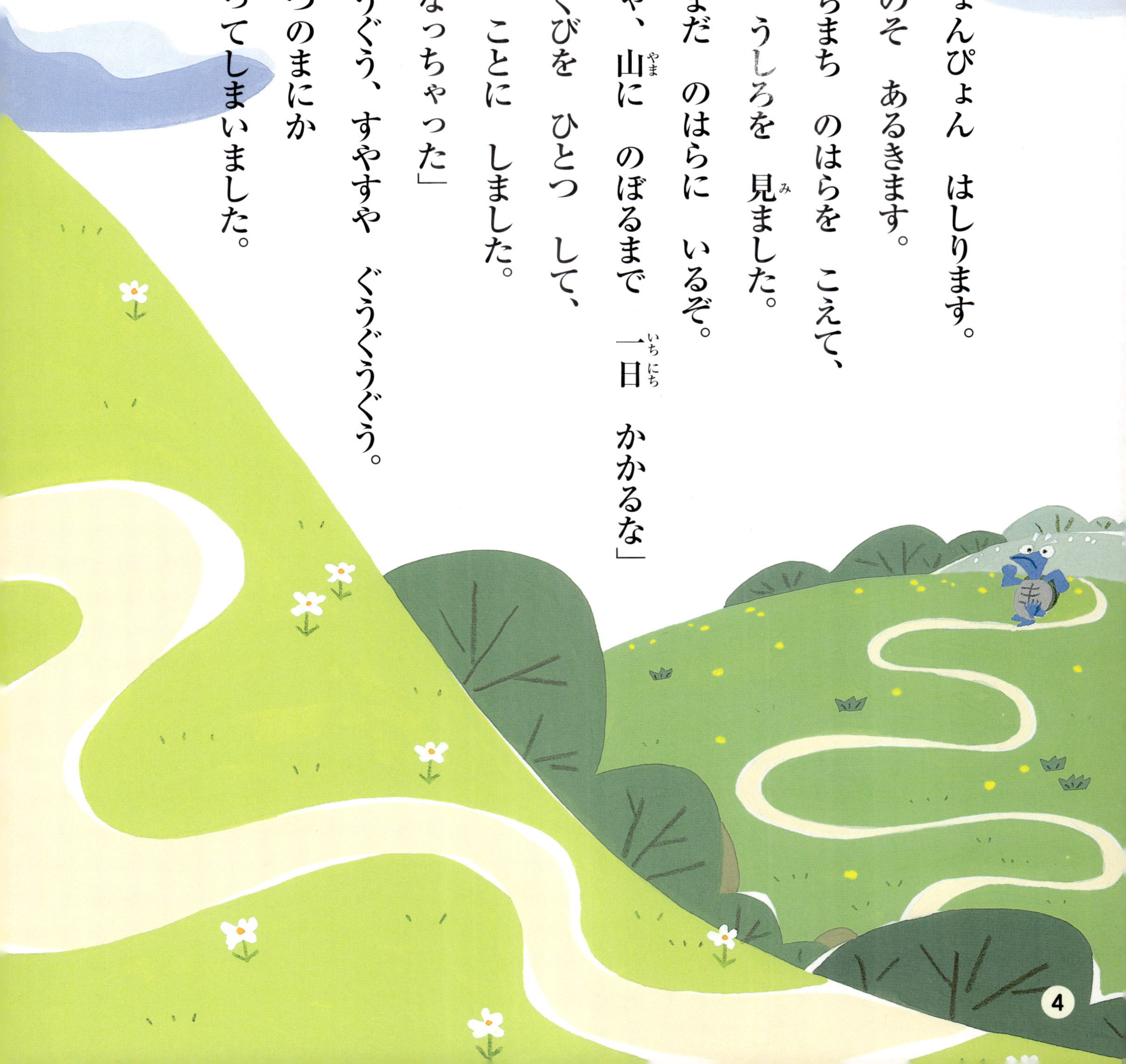

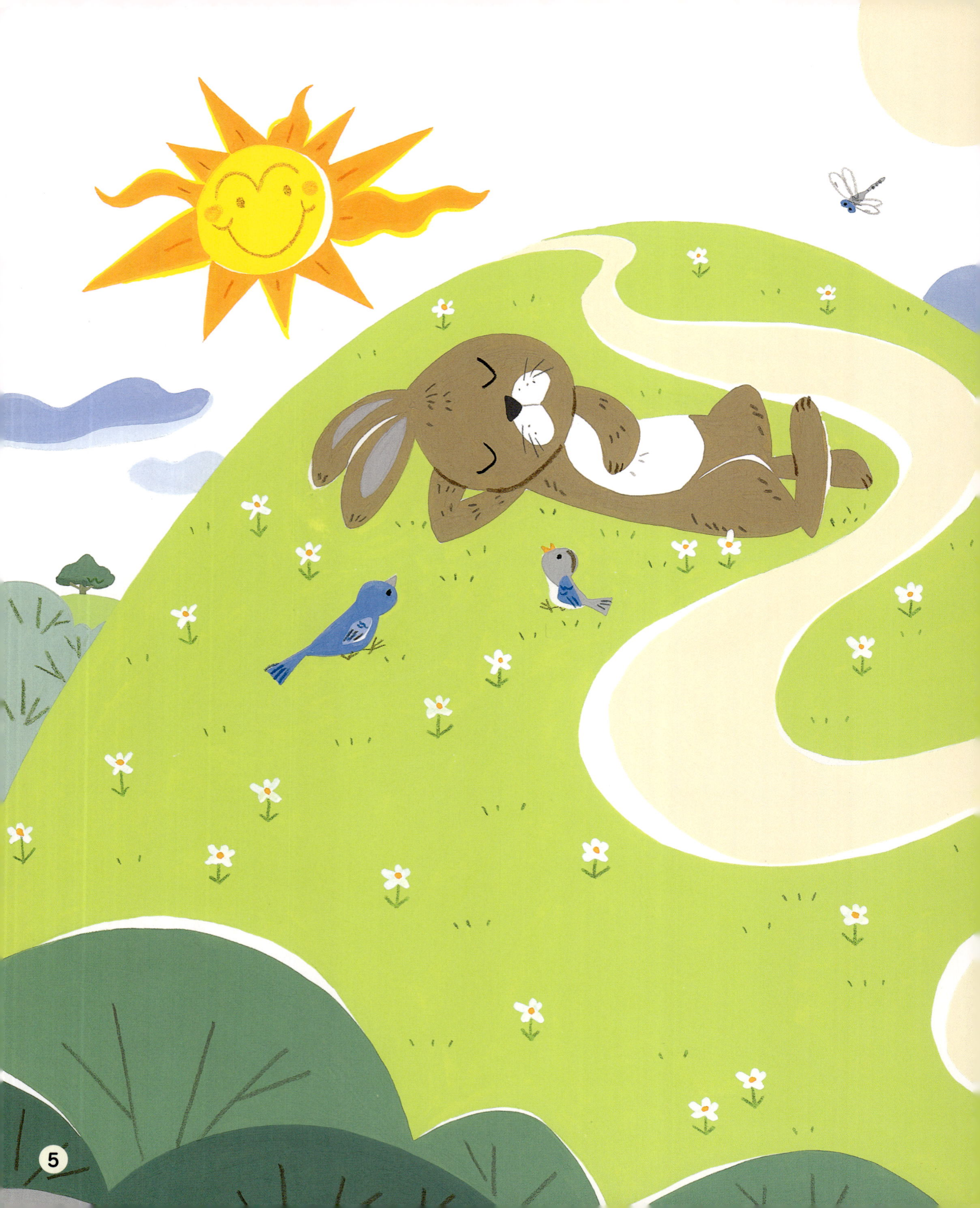

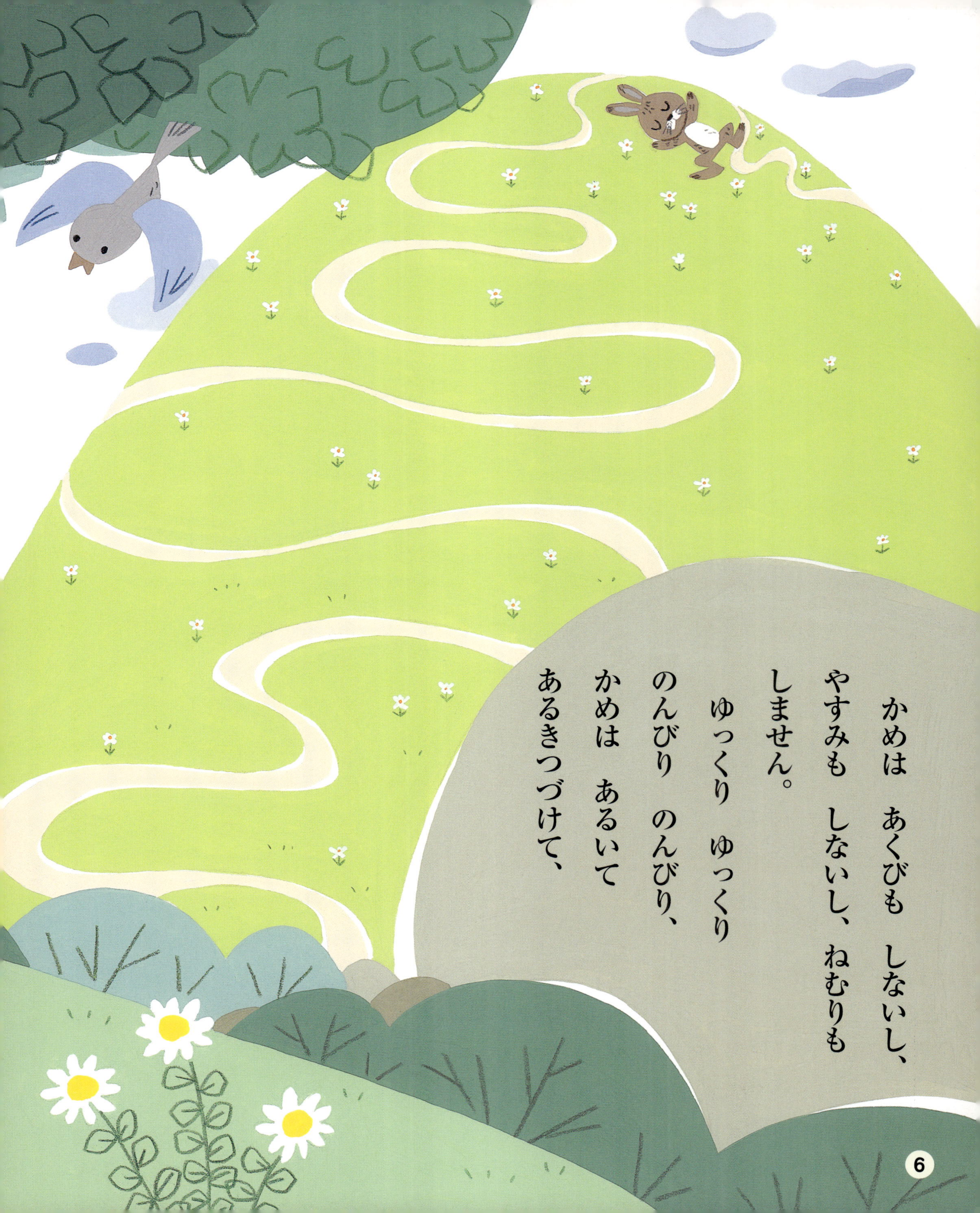

かめは　あくびも　しないし、
やすみも　しないし、ねむりも
しません。
ゆっくり　ゆっくり
のんびり　のんびり、
かめは　あるいて
あるきつづけて、

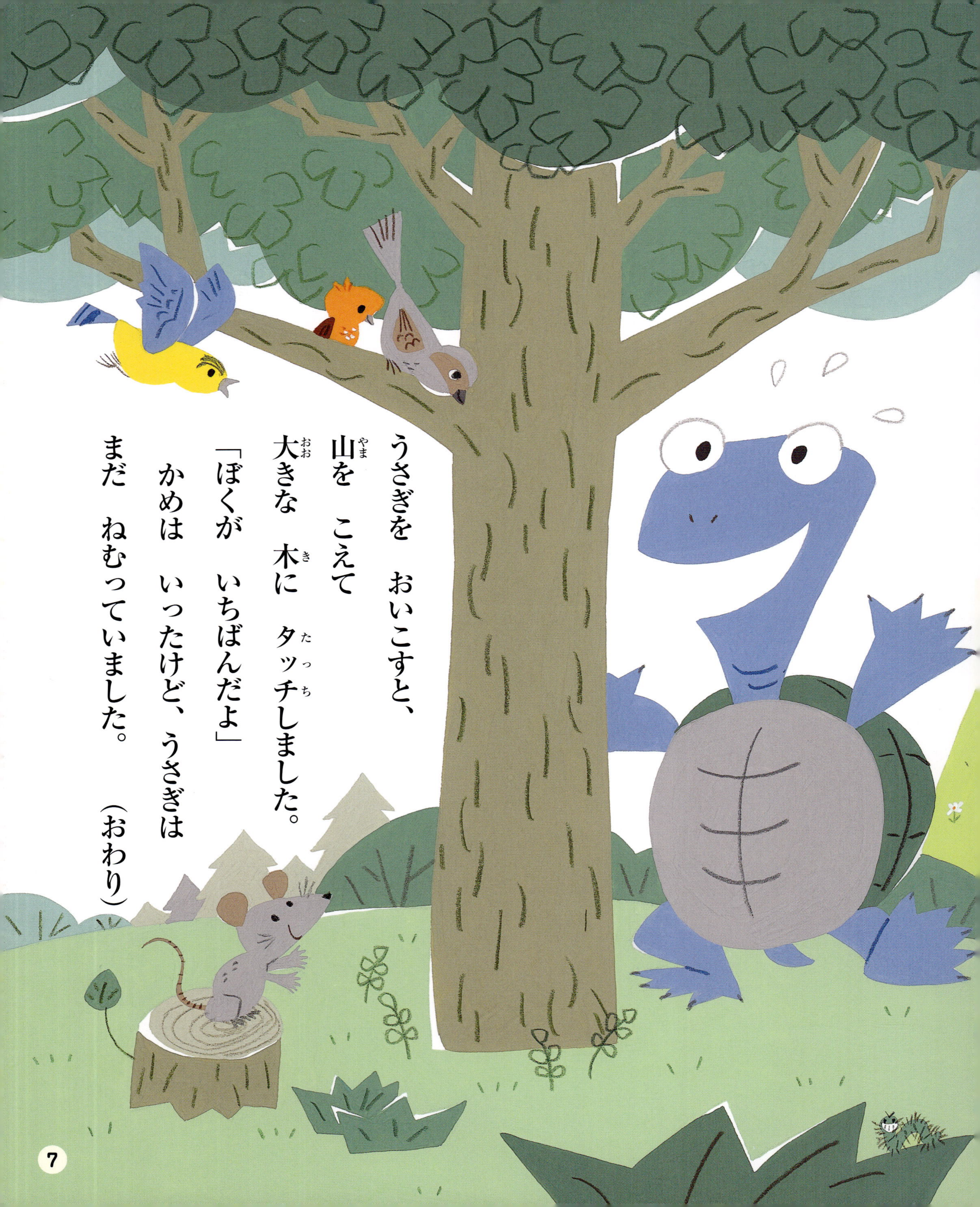

うさぎを　おいこすと、
山（やま）を　こえて
大（おお）きな　木（き）に　タッチ（たっち）しました。
「ぼくが　いちばんだよ」
かめは　いったけど、うさぎは
まだ　ねむっていました。

（おわり）

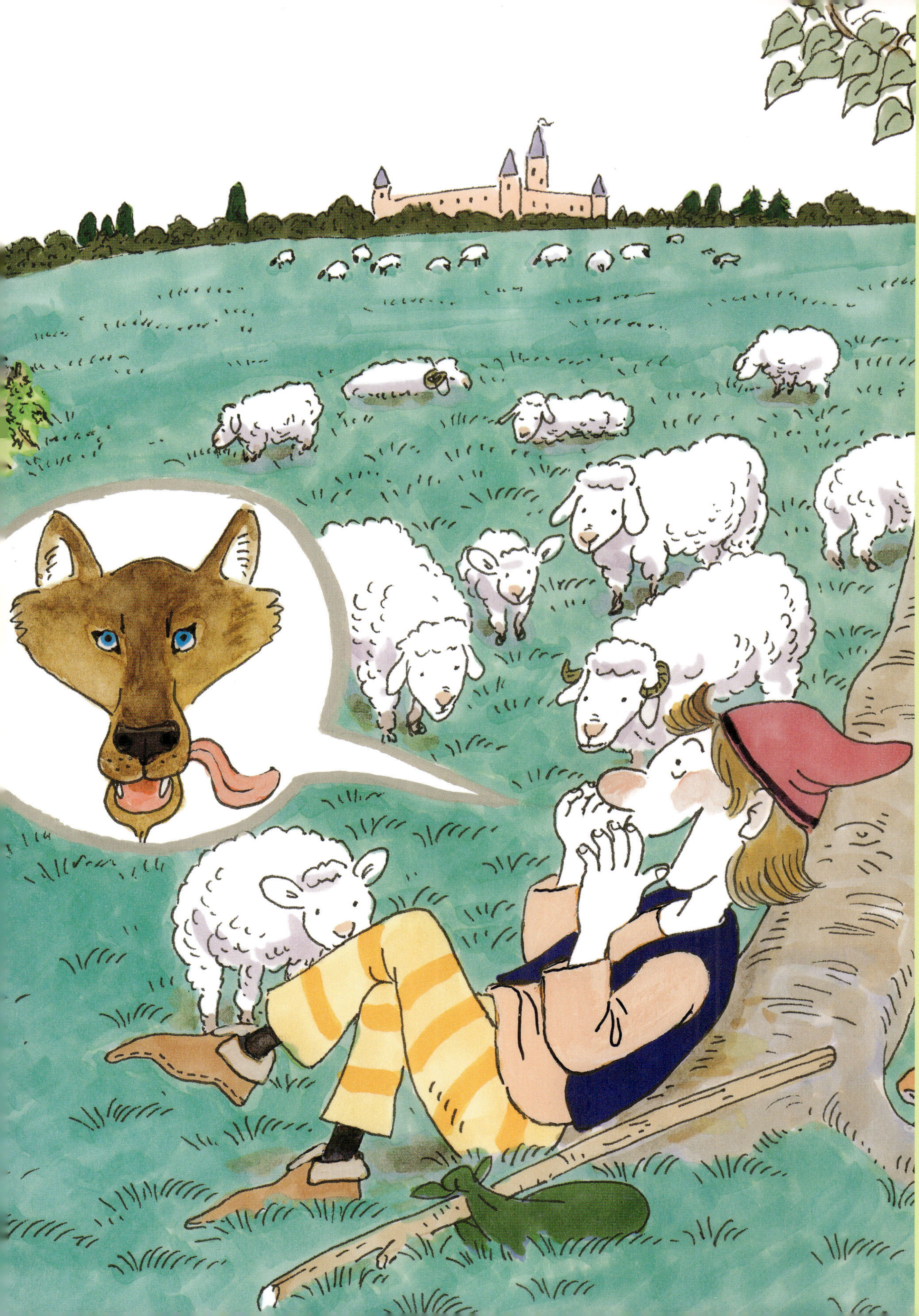

うそつきの ひつじかい

文●立原えりか
絵●むかいながまさ

ひつじの　ばんを　している
男の子が　いました。
　ある日の　こと、男の子は
大ごえで　さけびました。
「たいへんだ、たすけてくれ。
おおかみが　きたぞ」
　こえを　きいて、村じゅうの
人びとが　とび出してきました。
「ひつじは　だいじょうぶか。
おおかみは　どこだ、どこだ」
　人びとは　大あわて。まっ青な　かおを
しています。パンツ一まいの　はだしで
はしってきた　人も　いれば、あみかけの
くつ下を　もったままの　人も　いました。

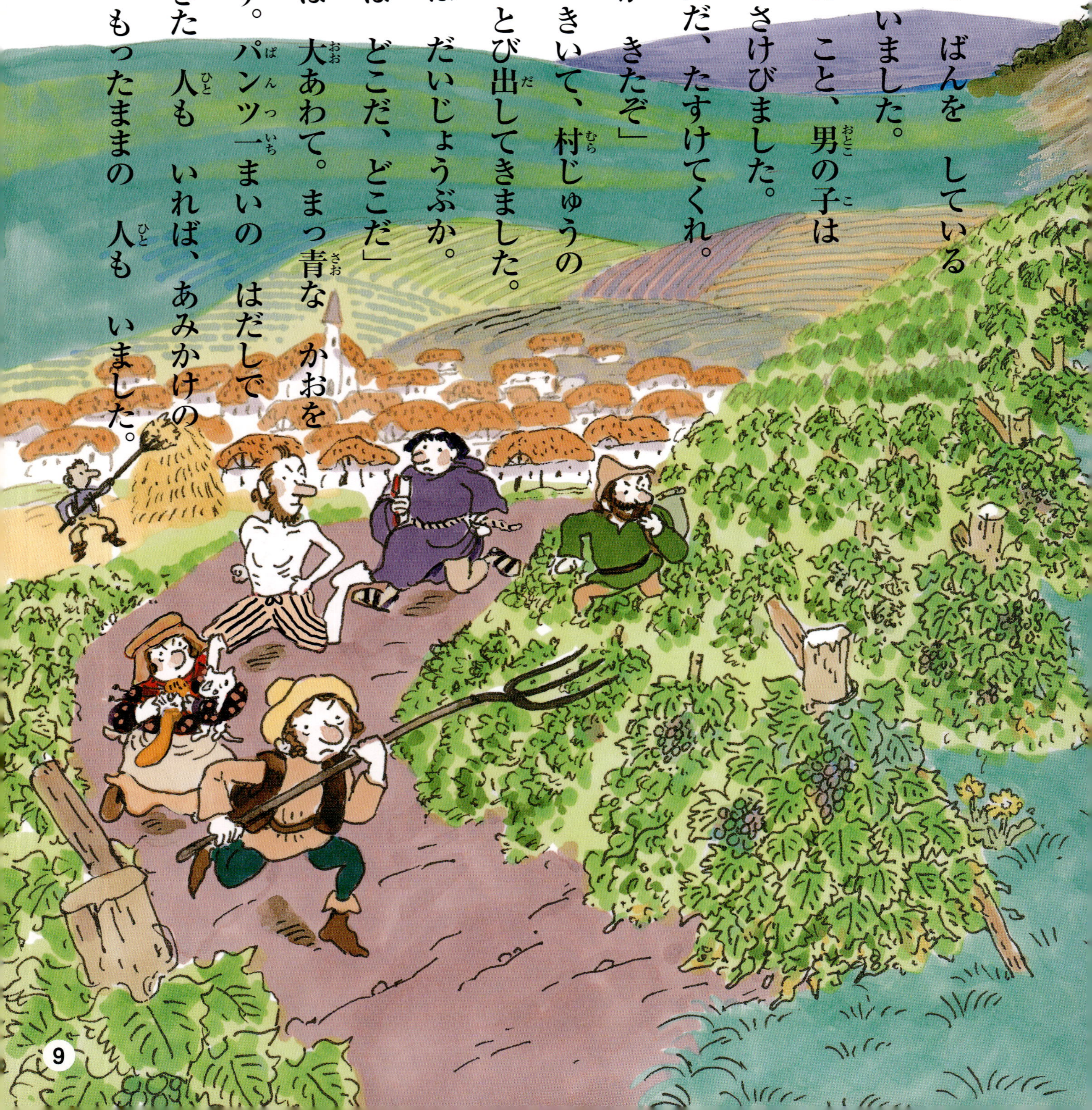

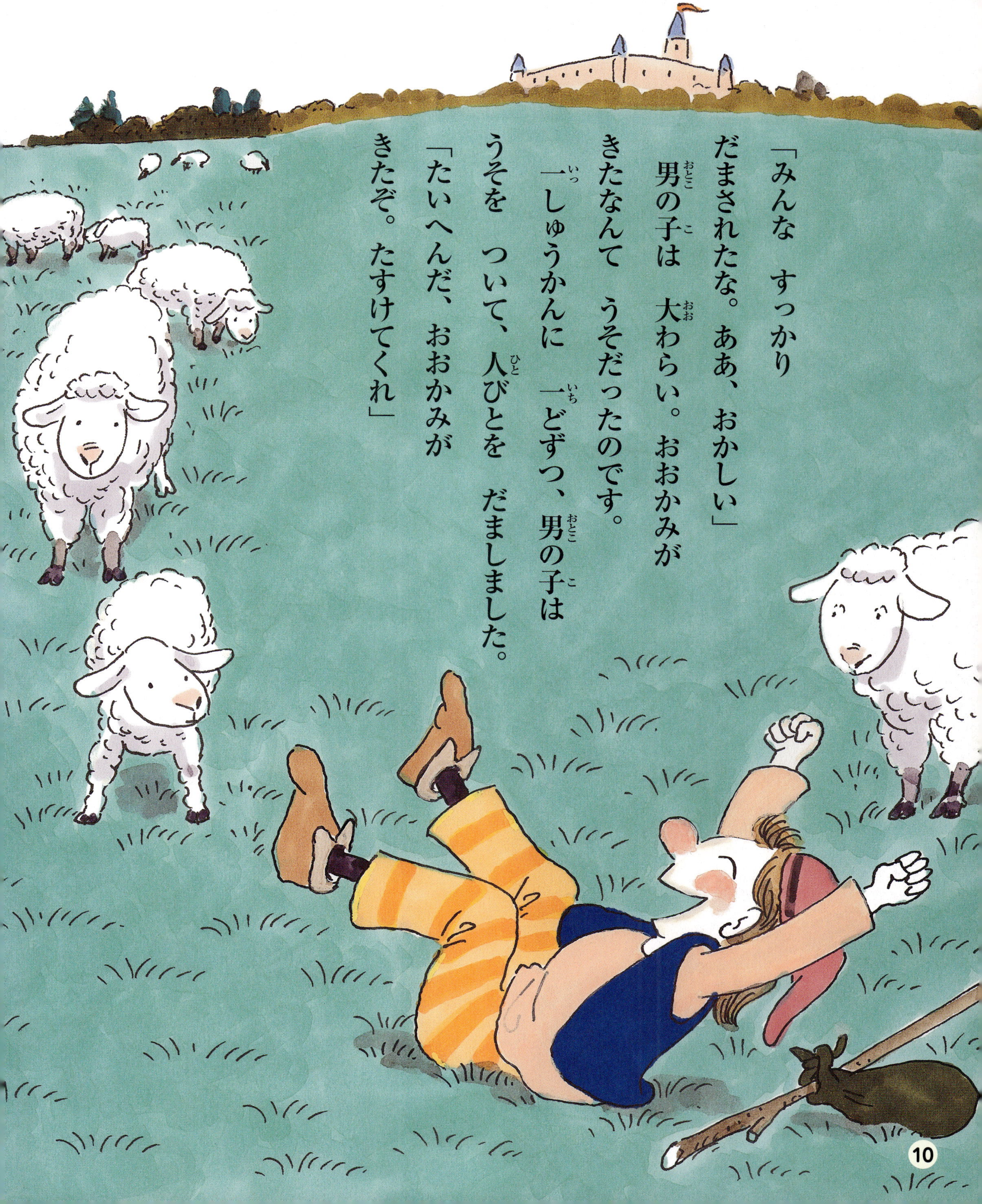

「みんな　すっかり
だまされたな。ああ、おかしい」
男の子は　大わらい。おおかみが
きたなんて　うそだったのです。
一しゅうかんに　一どずつ、男の子は
うそを　ついて、人びとを　だましました。
「たいへんだ、おおかみが
きたぞ。たすけてくれ」

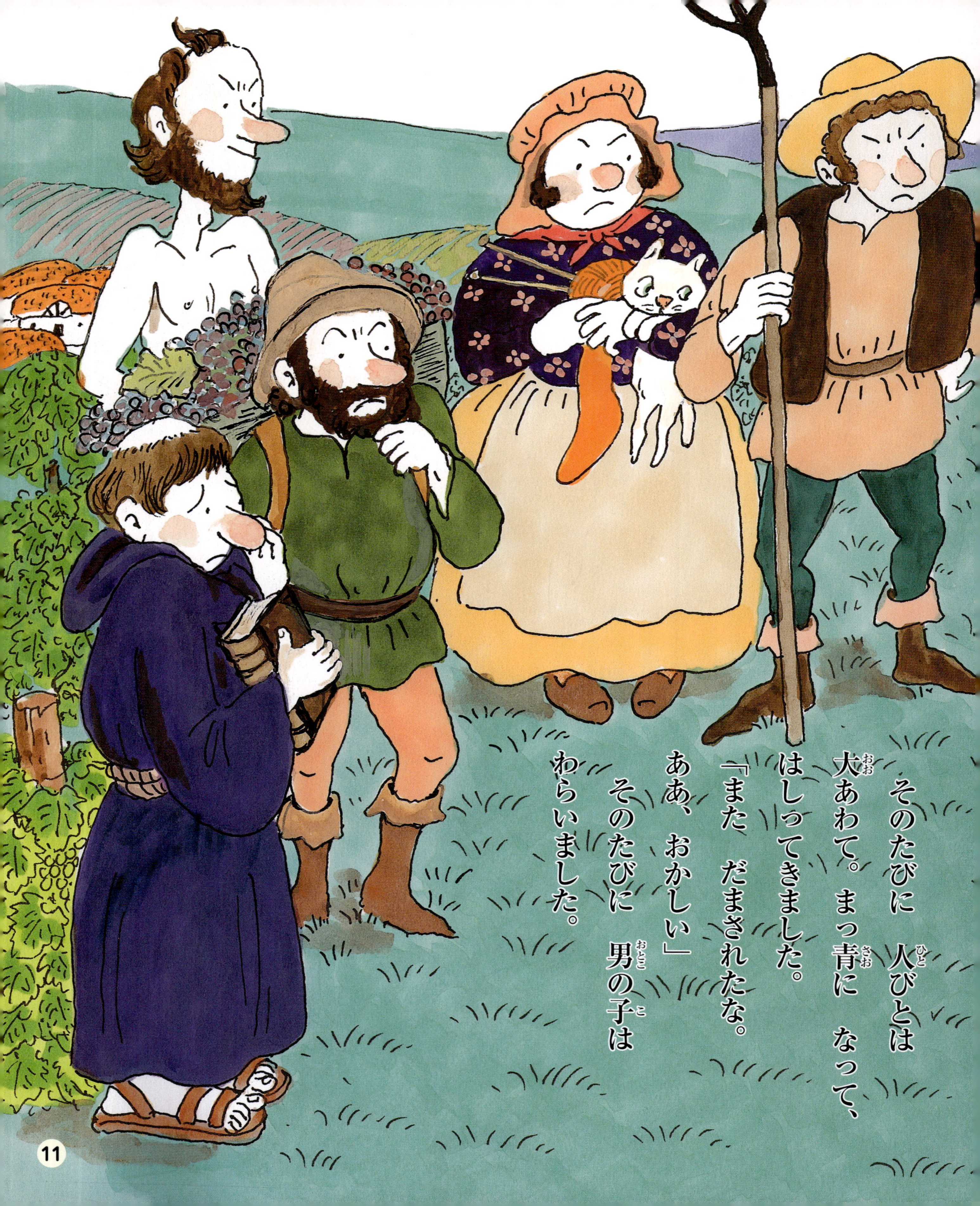

そのたびに　人びとは
大あわて。まっ青に　なって、
はしってきました。
「また　だまされたな。
ああ、おかしい」
そのたびに　男の子は
わらいました。

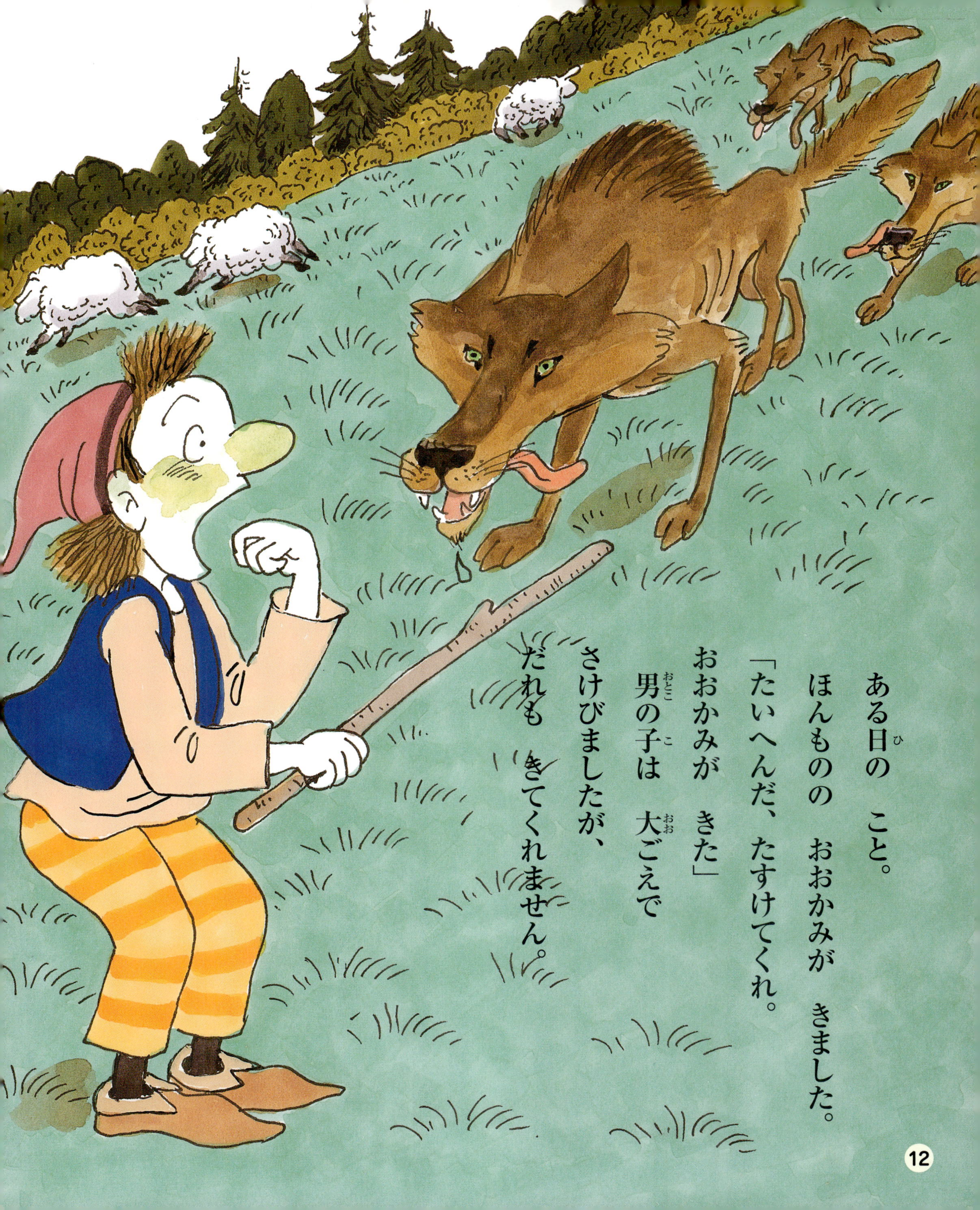

ある日の　こと。
ほんものの　おおかみが　きました。
「たいへんだ、たすけてくれ。
おおかみが　きた」
男の子は　大ごえで
さけびましたが、
だれも　きてくれません。

「うそつきが　また　はじまった。
もう　二どと　だまされるもんか」
人びとは　わらって　うわぎを　きたり、
くつ下を　あんだりしています。
「ほんものの　おおかみなんだ、たすけてよ」
男の子は　なんかいも　なん十かいも
さけびましたが、やっぱり　だれも
きてくれません。
おおかみは　ひつじを　ぜんぶ　たべて、
うそつきも　たべてしまいましたとさ。

（おわり）

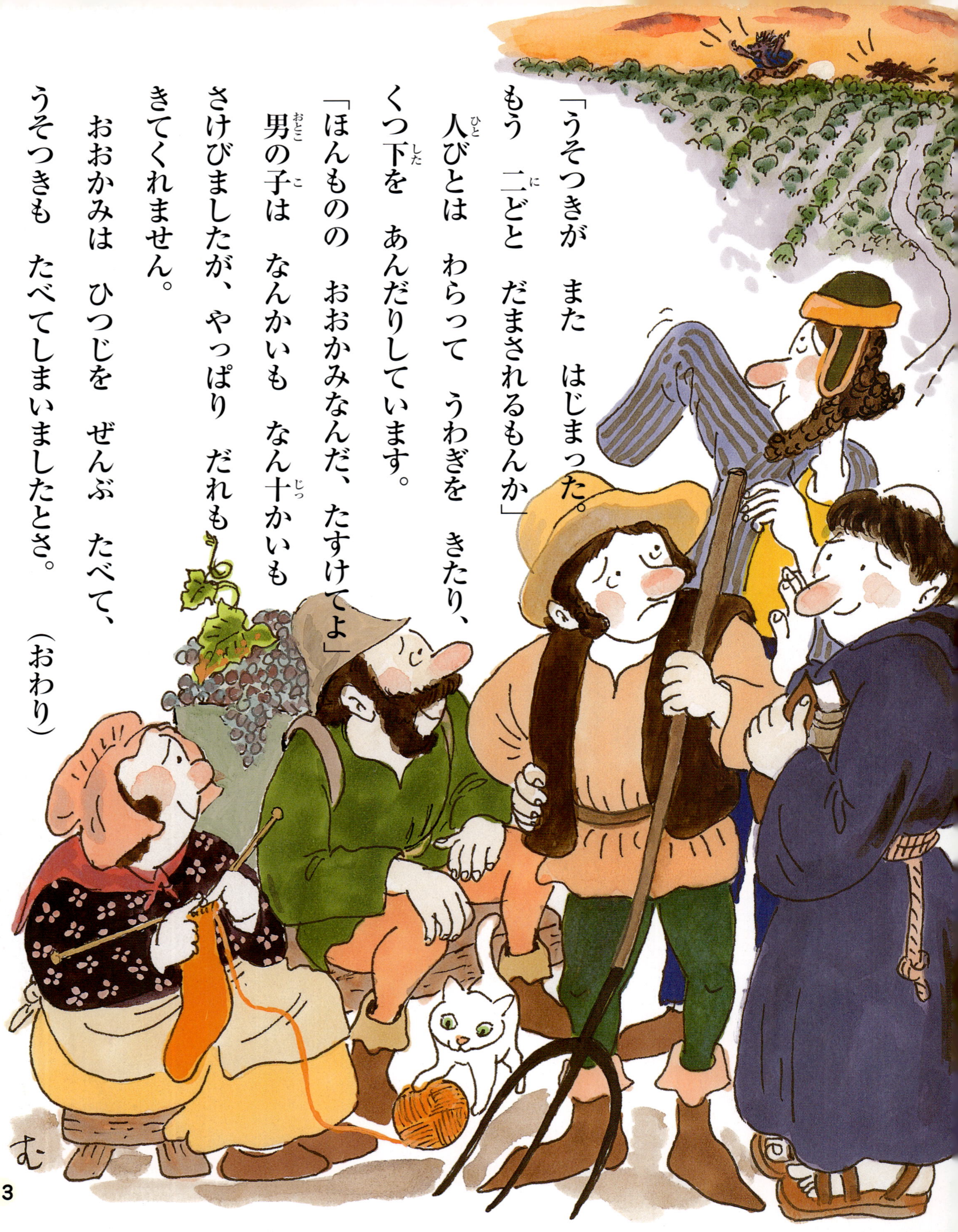

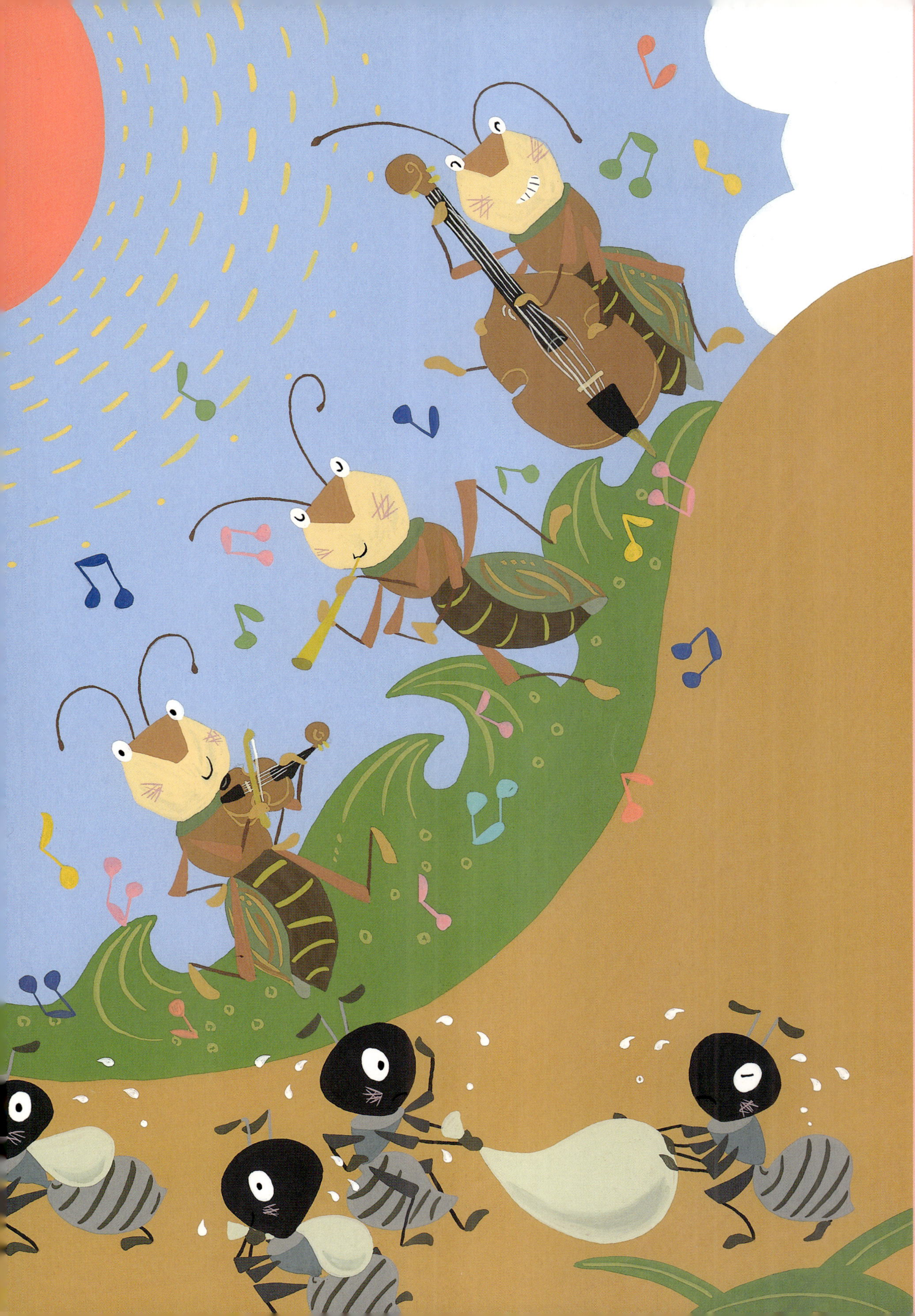

ありと きりぎりす

文●すえよしあきこ
絵●長谷川芳一

あつい　なつの　日。
ありたちは　みんなで
たべものを　さがしては、
せっせと　いえに　はこんでいます。
そんな　ありたちを　見て、
きりぎりすたちは　大わらい。
「たべものなんて　いくらだって
あるじゃないか」
「さあ、うたおうぜ。おどろうぜ」
きりぎりすたちは　すずしい
木かげで　まい日　たのしく
あそんでいました。

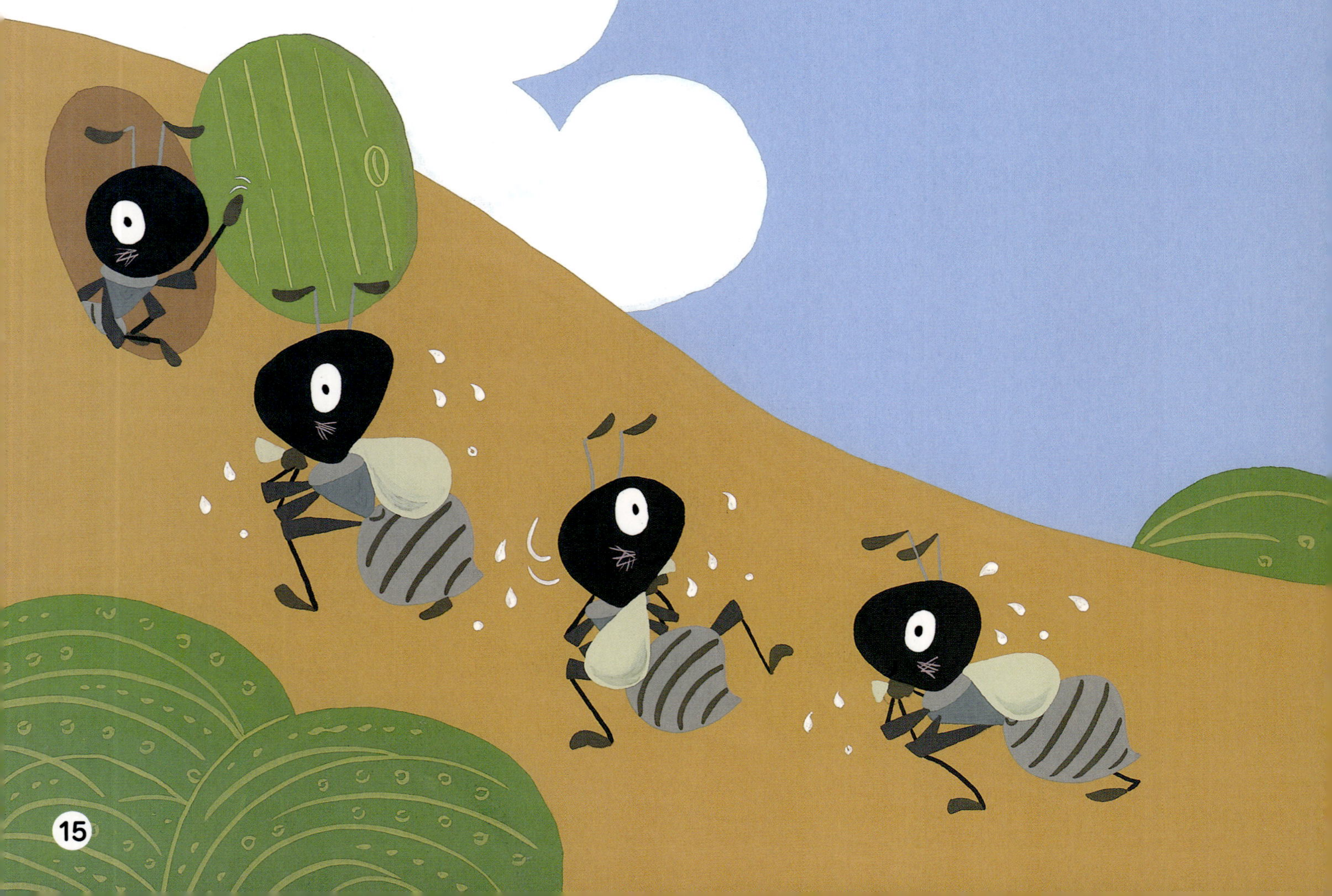

さむい　ふゆが　やってきました。
のはらにも　森（もり）にも　なんにも
たべものは　ありません。
でも　ありたちは、なつの　あいだ
たくさん　たべものを
あつめておいたから　だいじょうぶ。
トントン（とんとん）　トン（とん）。

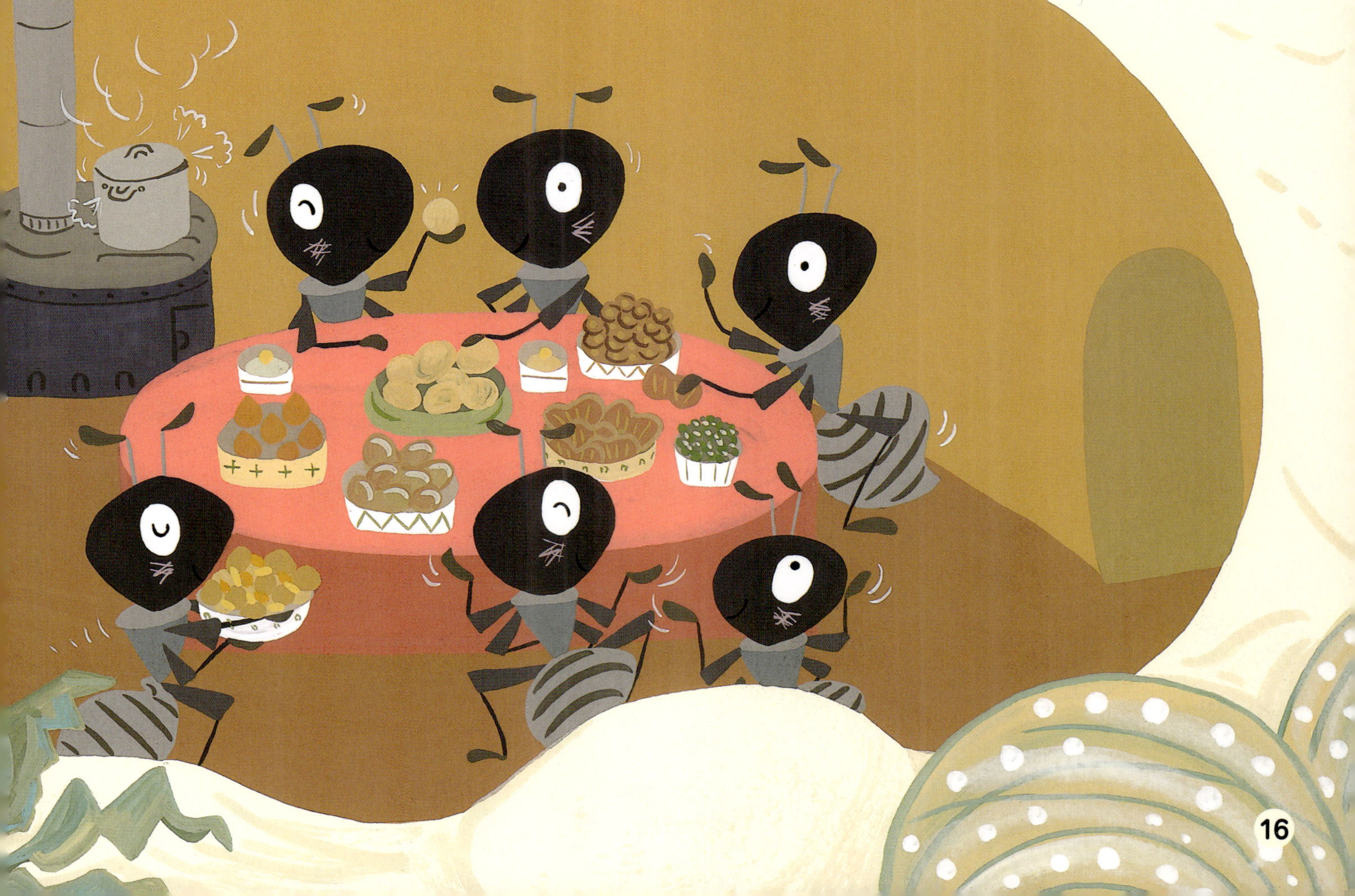

ありの　いえに　だれか　やってきました。
ドアを　あけると、ふらふらに　なった
きりぎりすが　立っています。
「おや、きょうも　うたったり、
おどったりしていると　おもったのに」
ありが　いうと、きりぎりすは
「おなかが　すいて　そんな　元気は
出ないんだよ。ぼくも　なつの　あいだ、ちゃんと
たべものを　あつめておけば　よかった……」
そう　いって、ばったり　たおれてしまいました。

（おわり）

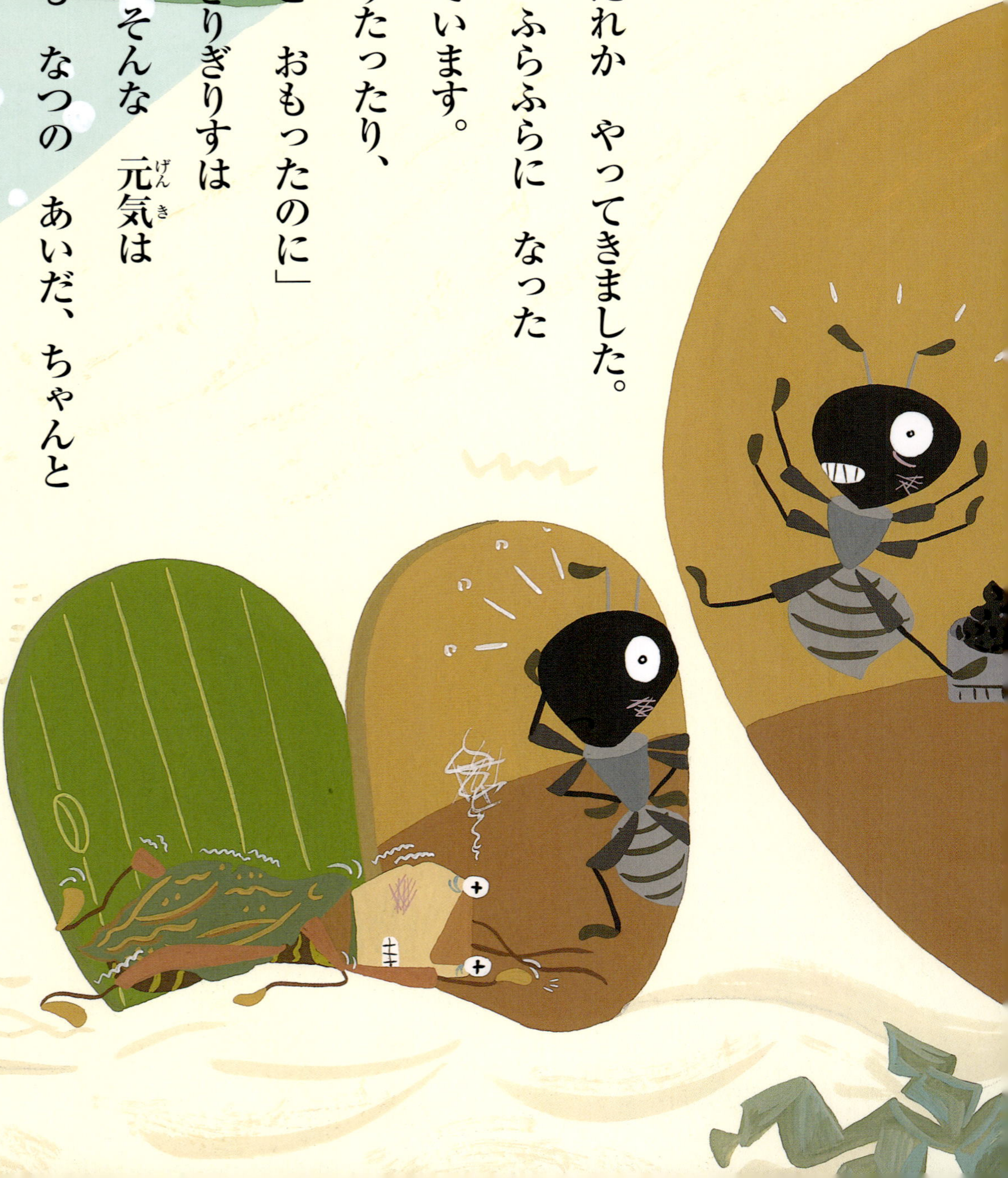

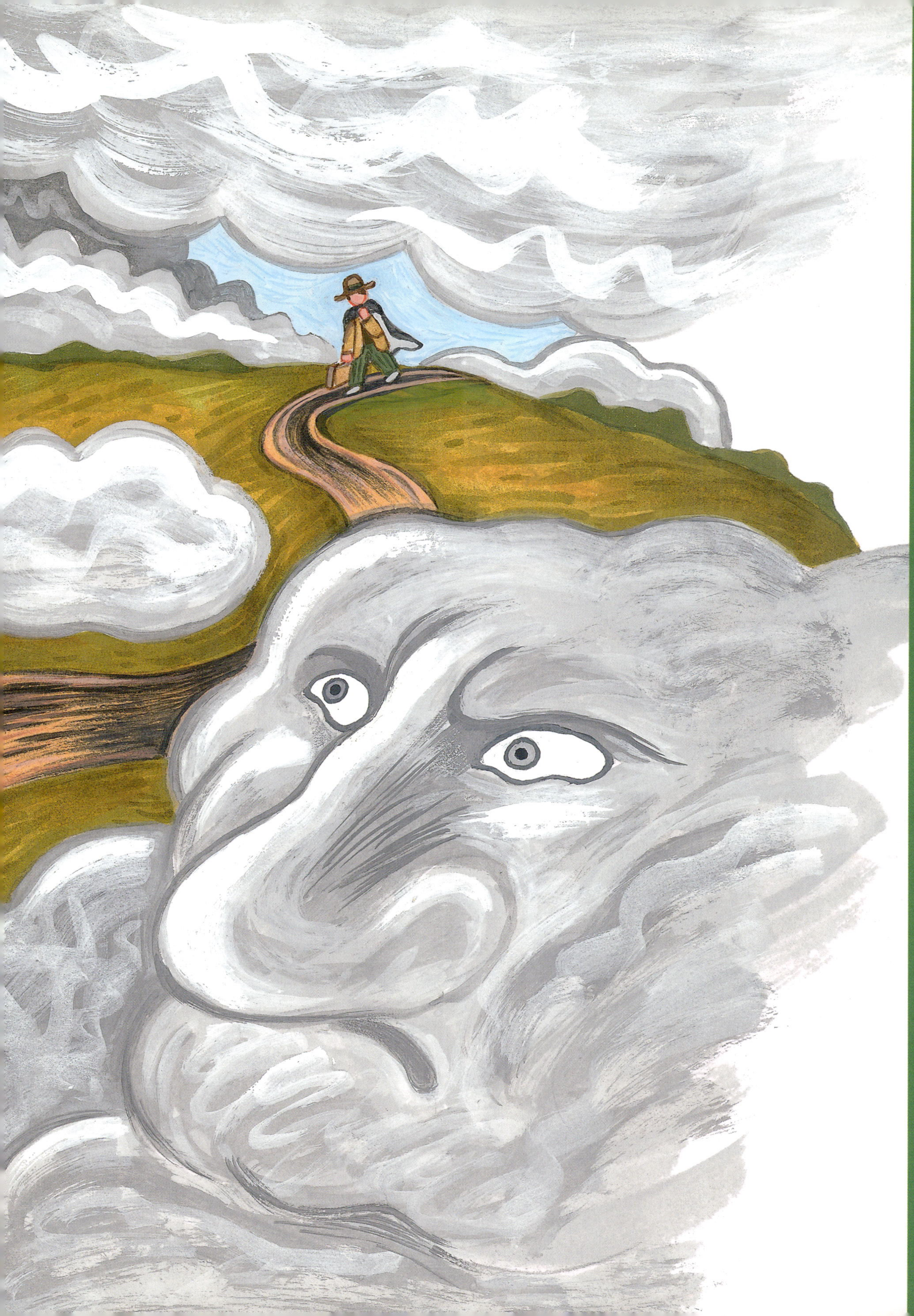

きたかぜと　たいよう

文●すえよしあきこ
絵●山口みねやす

18

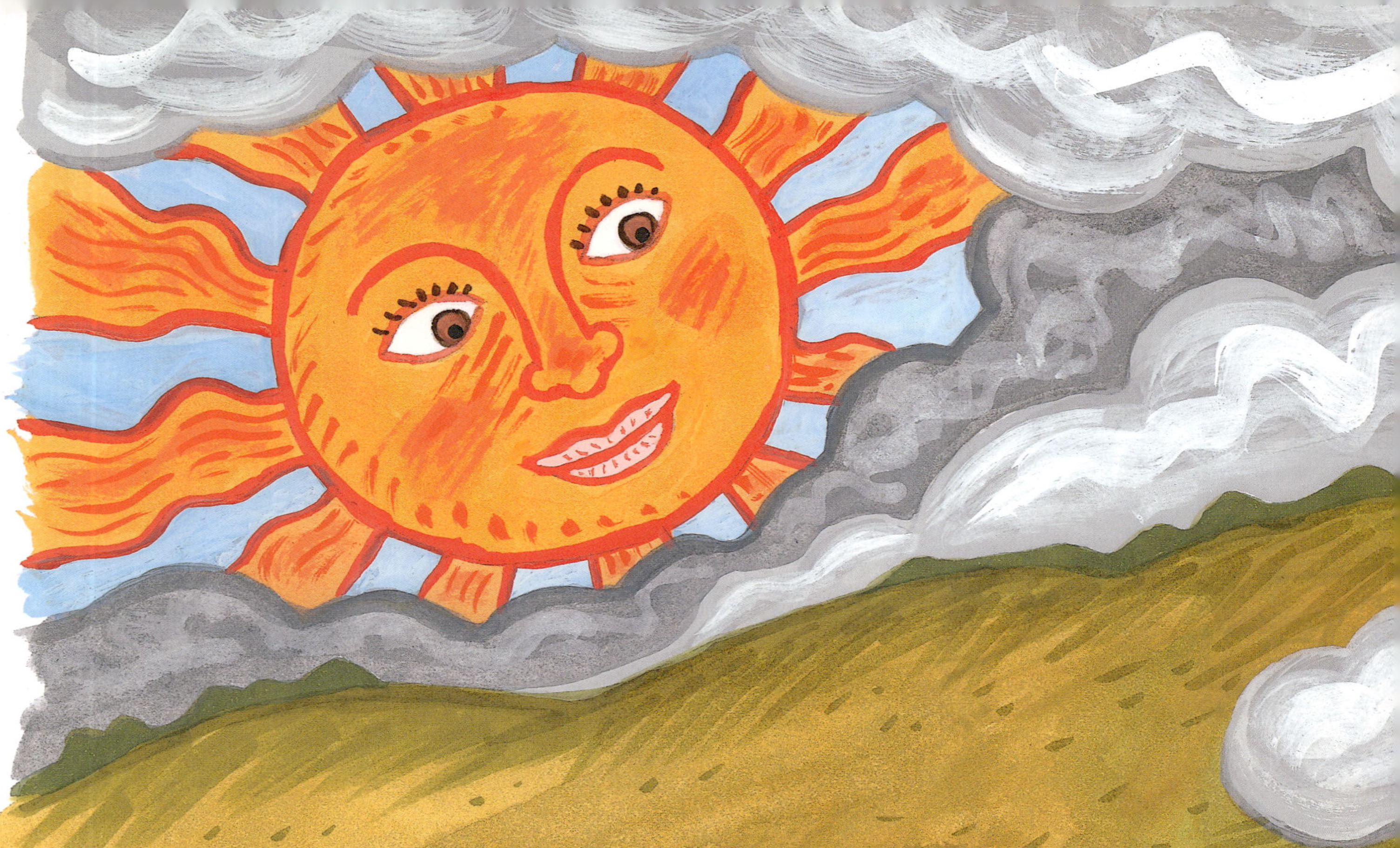

いばりんぼの　きたかぜが　いいました。
「せかいで　いちばん　つよいのは
おれさまだ。おれさまが　ビューッと
かぜを　ひとふきすれば、
どんなものだって　ふきとんでしまうさ」
それを　きいた　たいようは
わらって　いいました。
「おほほ。それじゃ　あそこを
あるいてくる　たび人の　マントを
とばしてごらんなさい」

「そんなことは
おやすい　ごようさ。
それっ、ビューッ　ビューッ！」
すると　たび人は、
「わあ、つめたい　きたかぜが
ふいてきたぞ」
と　しっかり　マントを
おさえました。

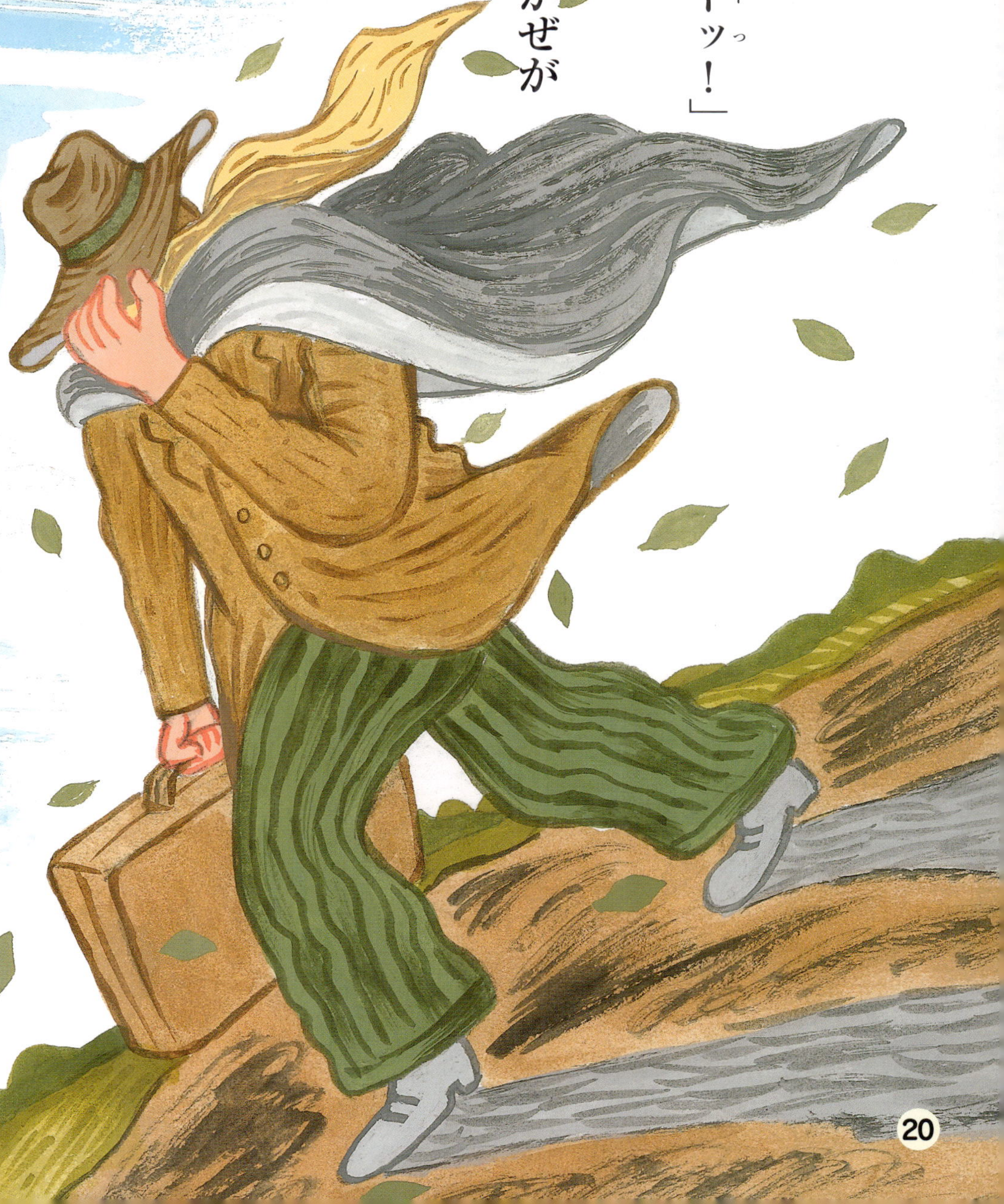

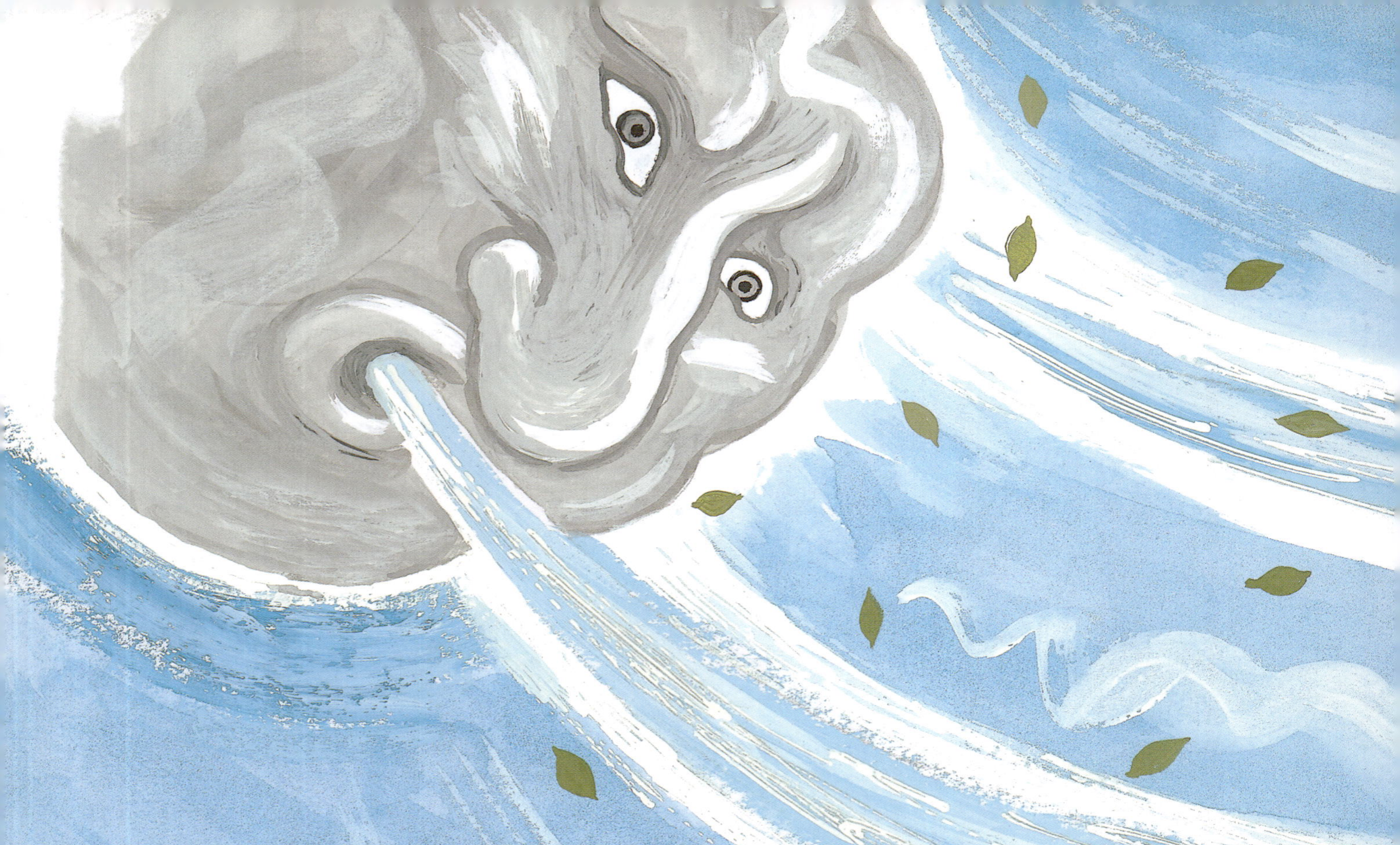

きたかぜは
「これでもか、　これでもか」
と　ほっぺたを　いっぱい　ふくらませ、
ビュン　ビュン　かぜを　ふきつけました。
「おお　さむい　さむい。
マントを　とばされたら　たいへんだぞ」
たび人は　ますます　しっかり
マントを　おさえて　あるきました。

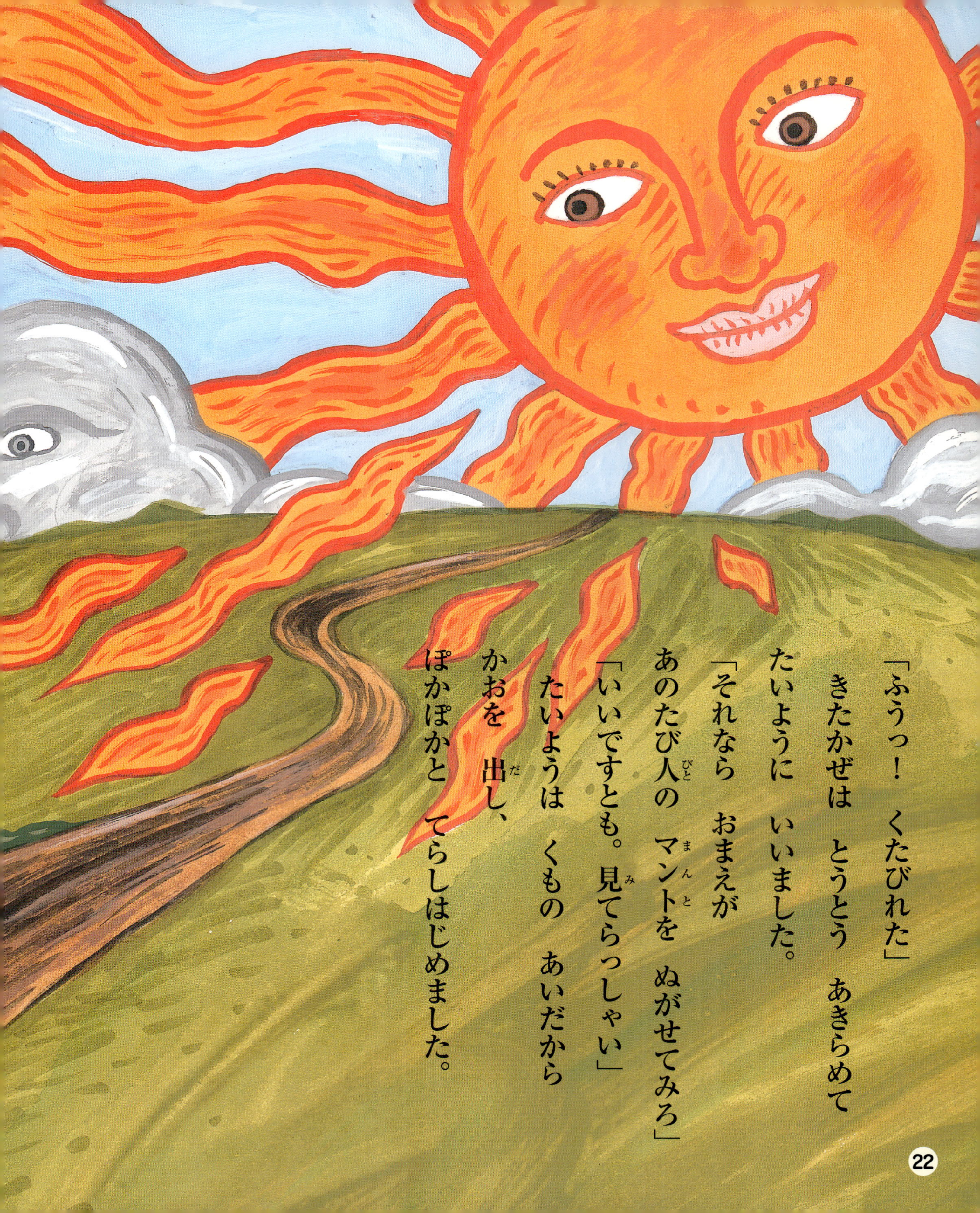

「ふうっ！　くたびれた」
きたかぜは　とうとう　あきらめて
たいように　いいました。
「それなら　おまえが
あのたび人の　マントを　ぬがせてみろ」
「いいですとも。見てらっしゃい」
たいようは　くもの　あいだから
かおを　出し、
ぽかぽかと　てらしはじめました。

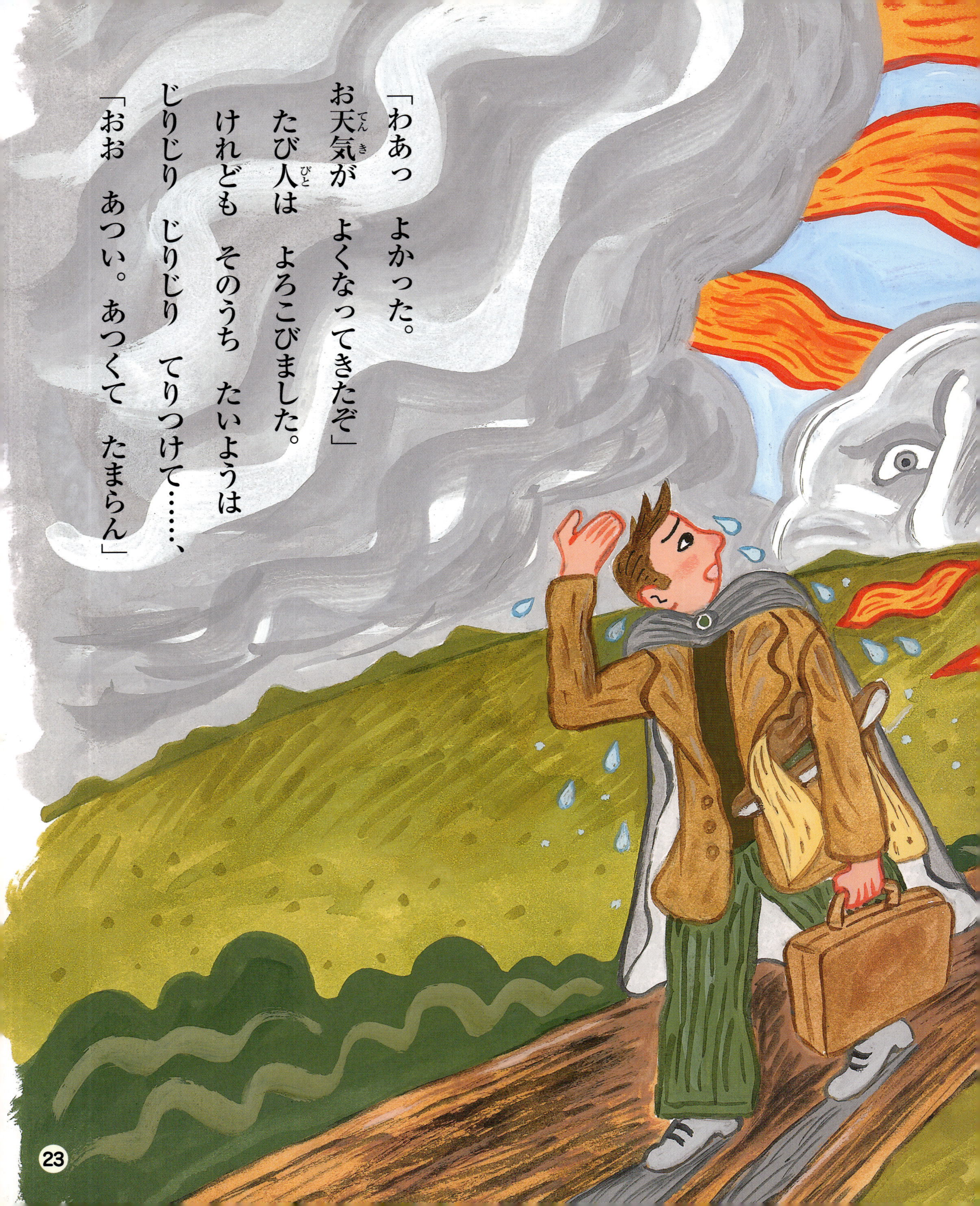

「わあっ　よかった。
お天気が　よくなってきたぞ」
たび人は　よろこびました。
けれども　そのうち　たいようは
じりじり　じりじり　てりつけて……、
「おお　あつい。あつくて　たまらん」

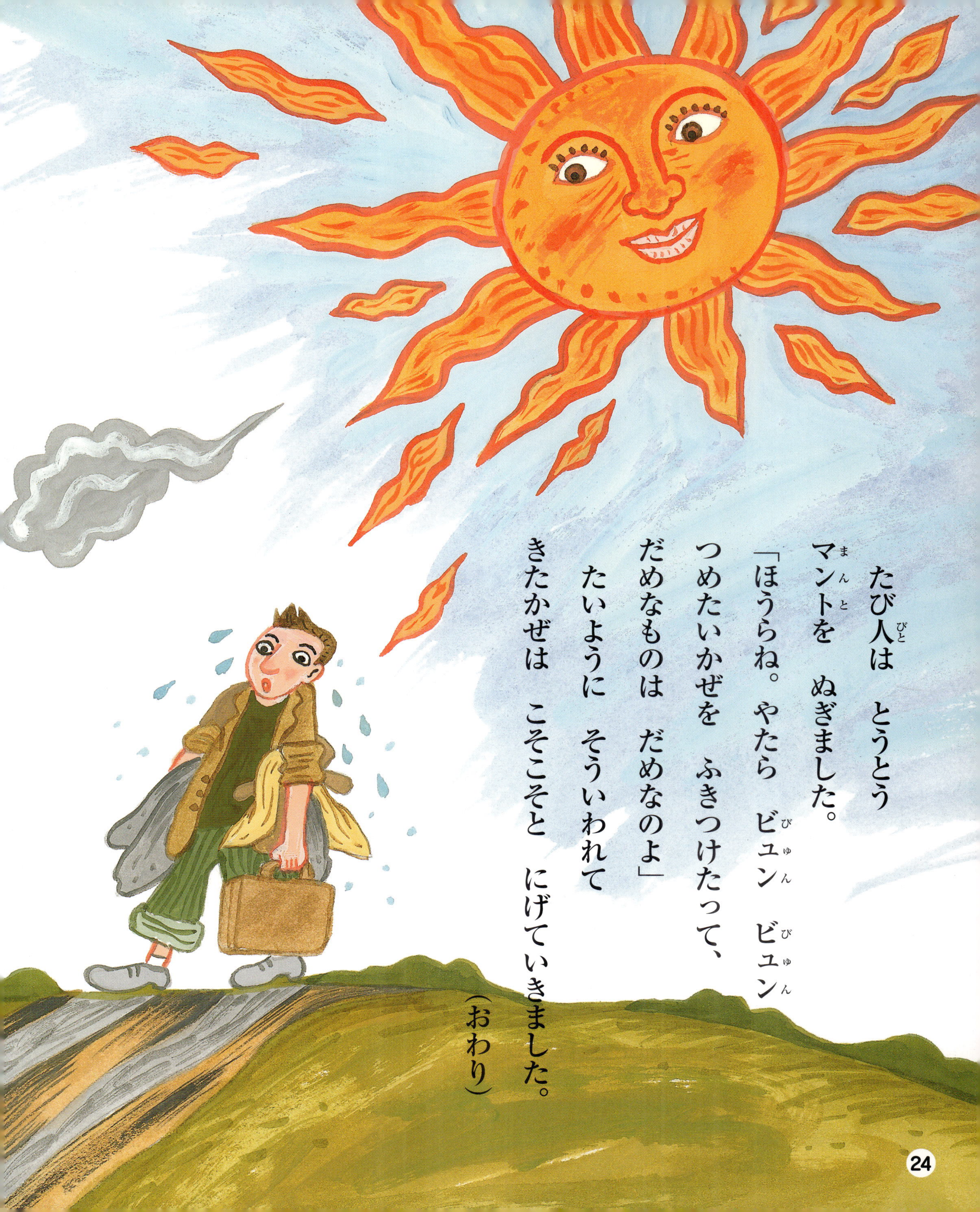

たび人は　とうとう
マントを　ぬぎました。
「ほうらね。やたら　ビュン　ビュン
つめたいかぜを　ふきつけたって、
だめなものは　だめなのよ」
たいように　そういわれて
きたかぜは　こそこそと　にげていきました。

（おわり）

ねずみと　ライオン

文●岡本一郎
絵●相澤タロウイチ

ある日、ライオンが
いい　気もちで　ひるねを
していました。
すると、そこへ
ちょろ　ちょろ
あらわれたのは　ねずみです。
ねずみは　ちょっと
いたずらが　したくなりました。
「えへへ……。
ライオンさんの　おひげ、
ひっぱってみようかな」

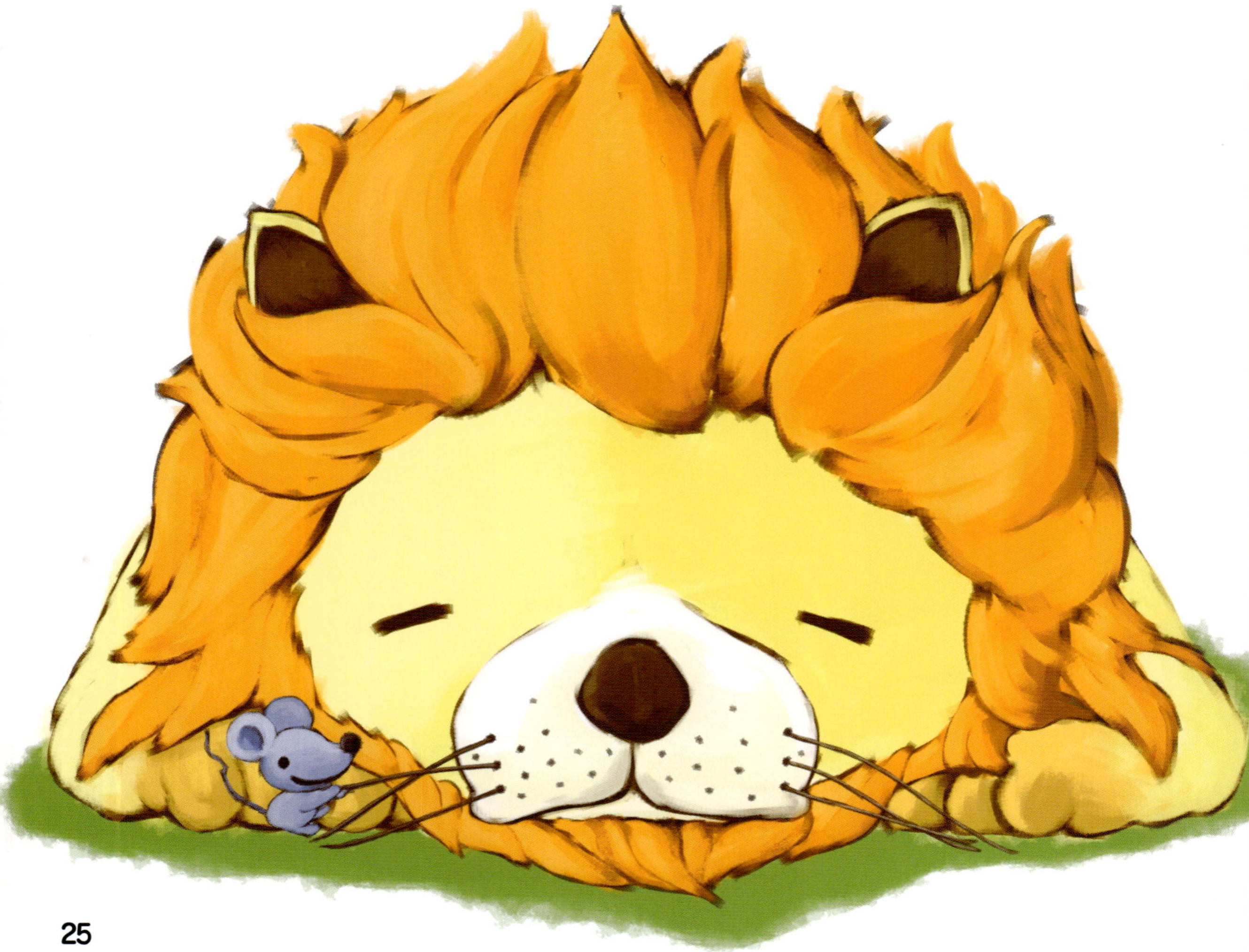

「だれだ」
ライオンは　目を　さますと、
ねずみを　えいっと　つかまえました。
「いたずらを　する　やつは　たべてしまうぞ」
　ねずみは　あやまりました。
「ごめんなさい。ゆるしてください。
きっと　ごおんは　かえしますから」
「わっはっは。おまえみたいな
ちっぽけな　ものが
わしに　おんがえしなど
できるものか」
　ライオンは　わらいながら
ねずみを
にがしてやりました。

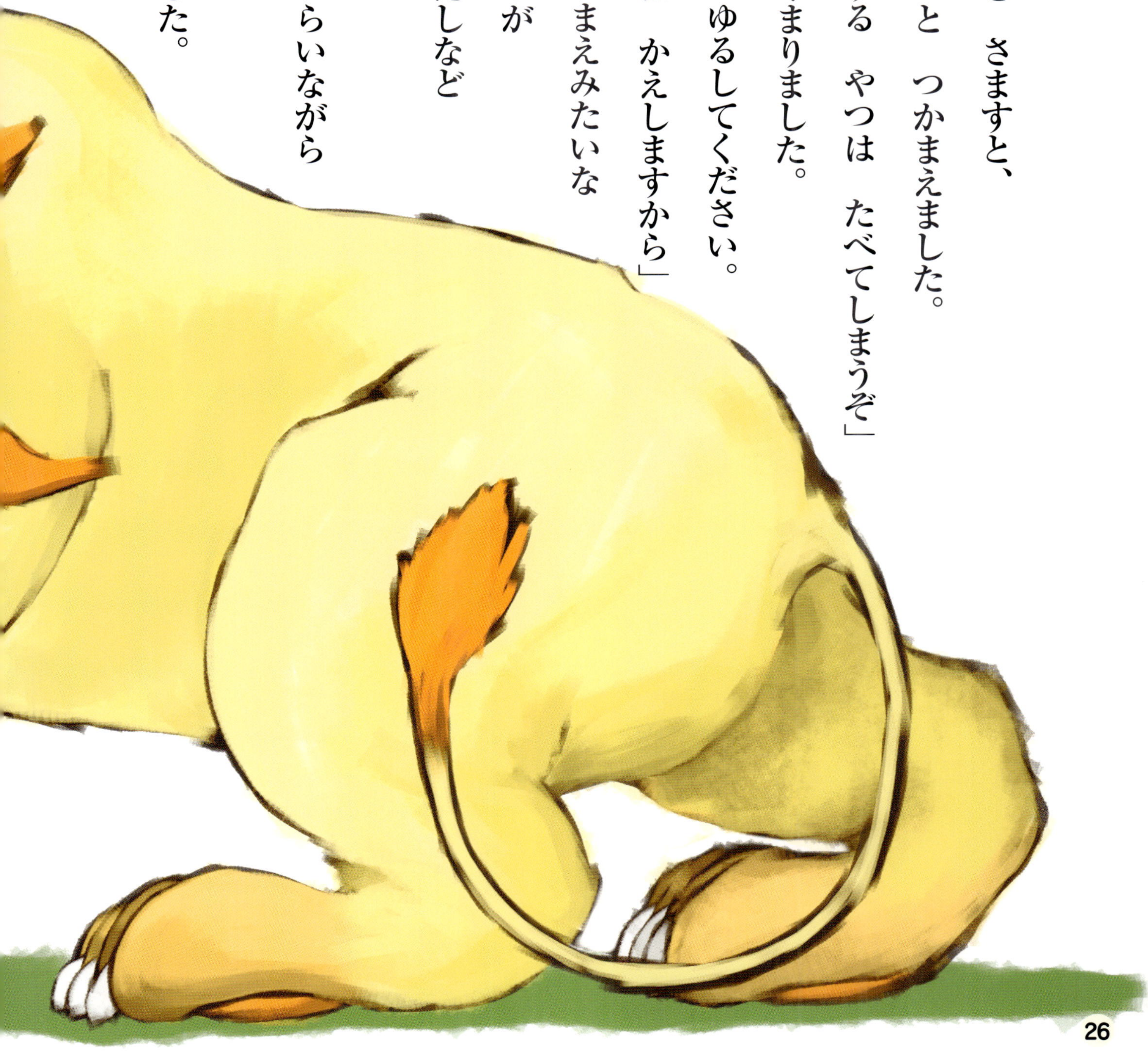

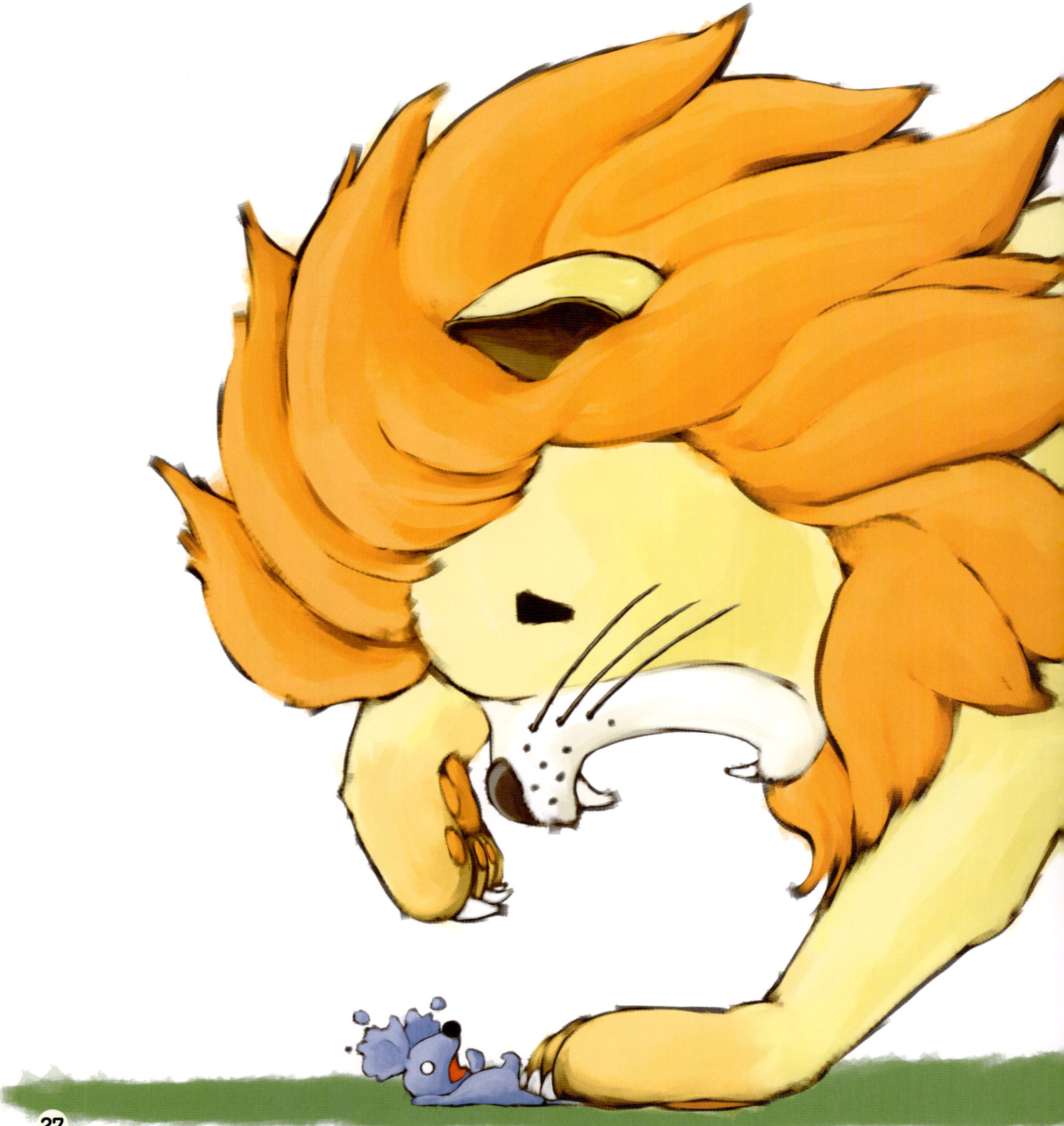

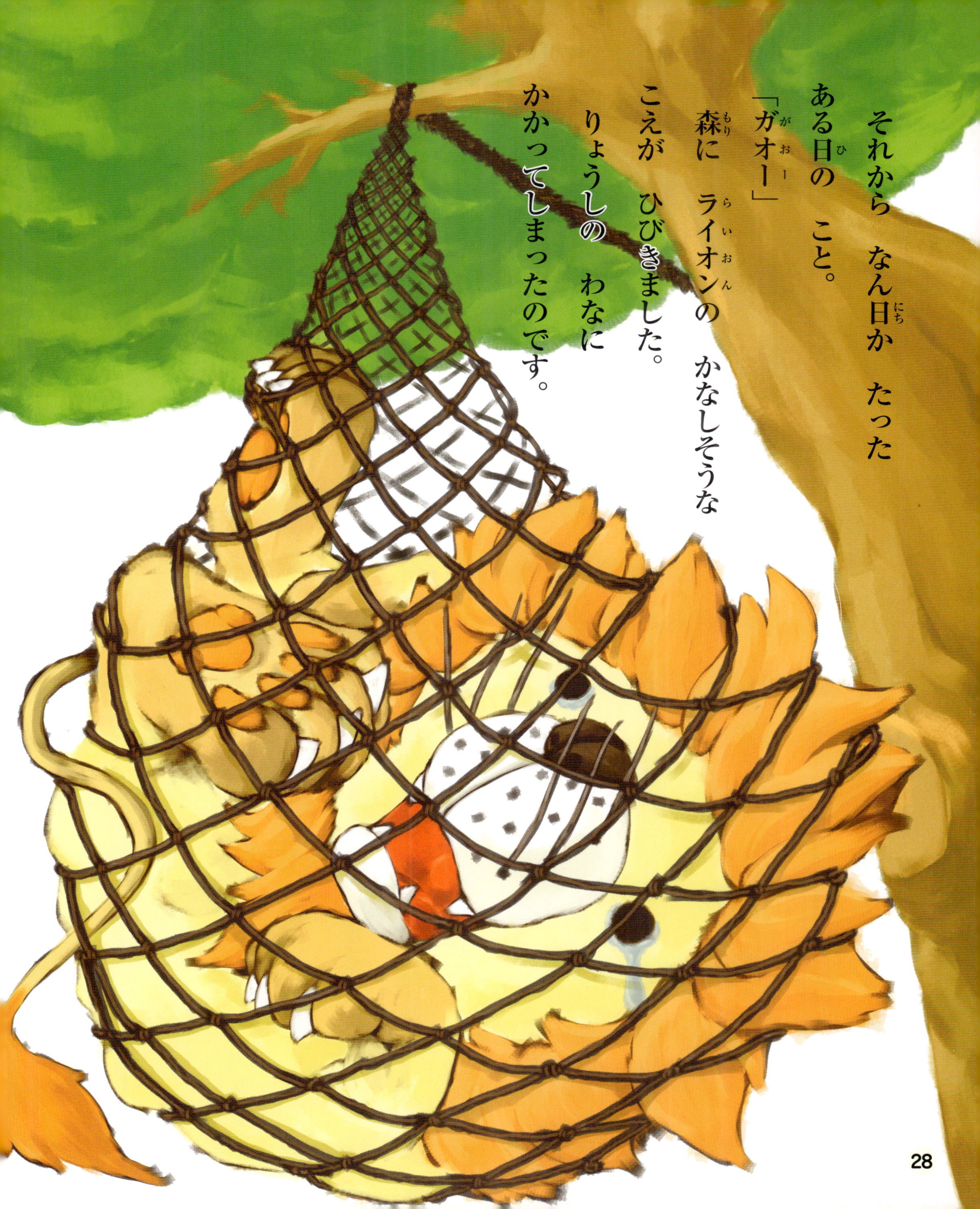

それから　なん日か　たった
ある日の　こと。
「ガオー」
森に　ライオンの　かなしそうな
こえが　ひびきました。
りょうしの　わなに
かかってしまったのです。

すると、ねずみが　かけつけてきて
がりがりがり……。
わなを　かじりはじめました。

やがて、
ぷつん……。
わなが
きれると、
ねずみは　にっこり
わらって　いいました。
「ね、ぼくにも　おんがえしの
できる　ことが　わかったでしょう」

（おわり）

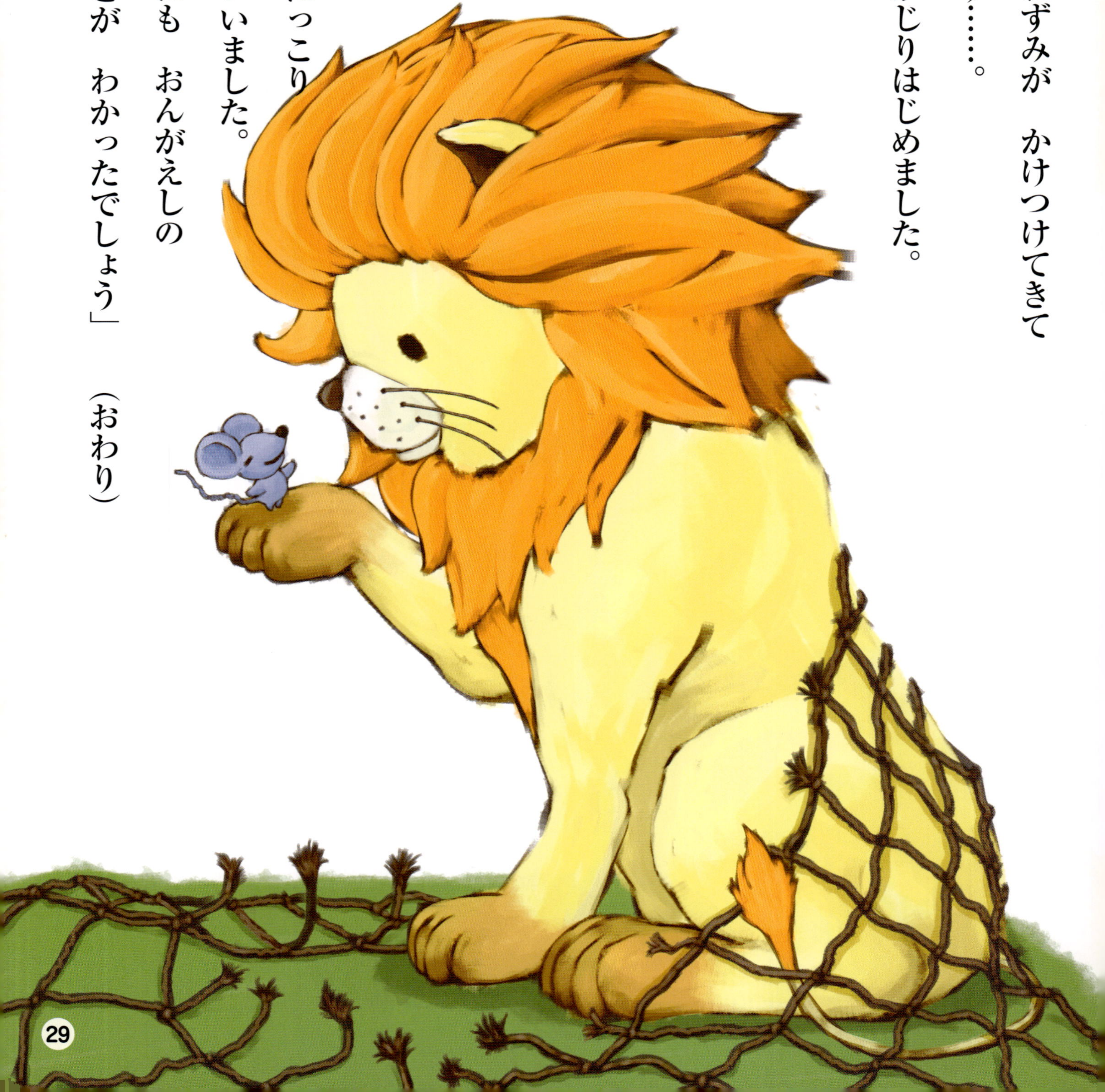

かえるの王さま

文・岡本一郎
絵・五辻みつる

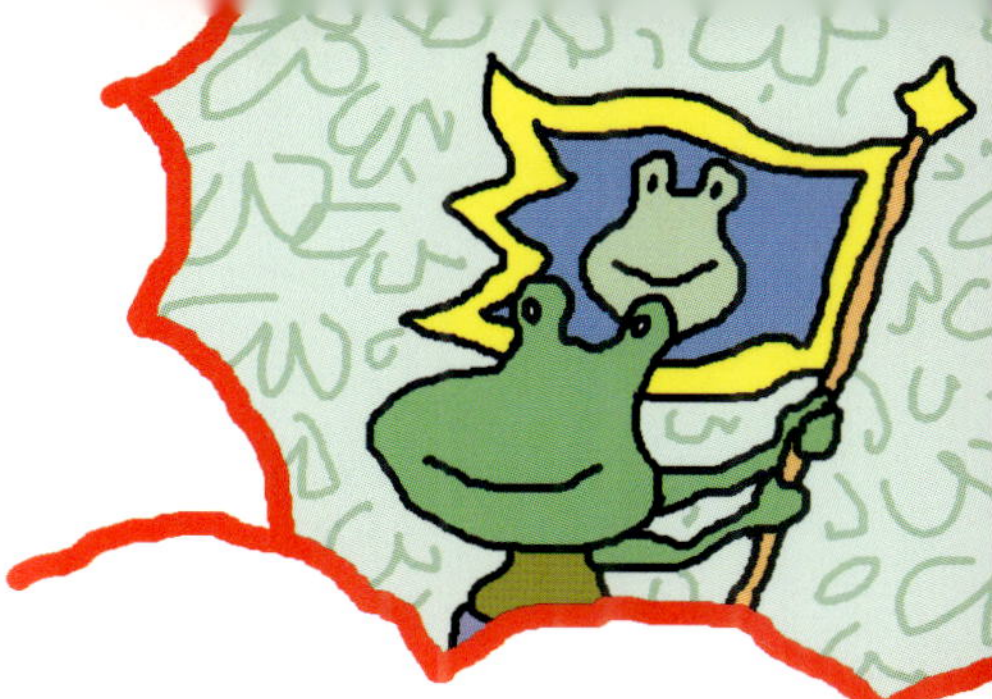

ある日、
かみさまの　ところへ
かえるたちが　やってきて
いいました。
「どうか　わたしたちに
つよい　王さまを
おさずけください」

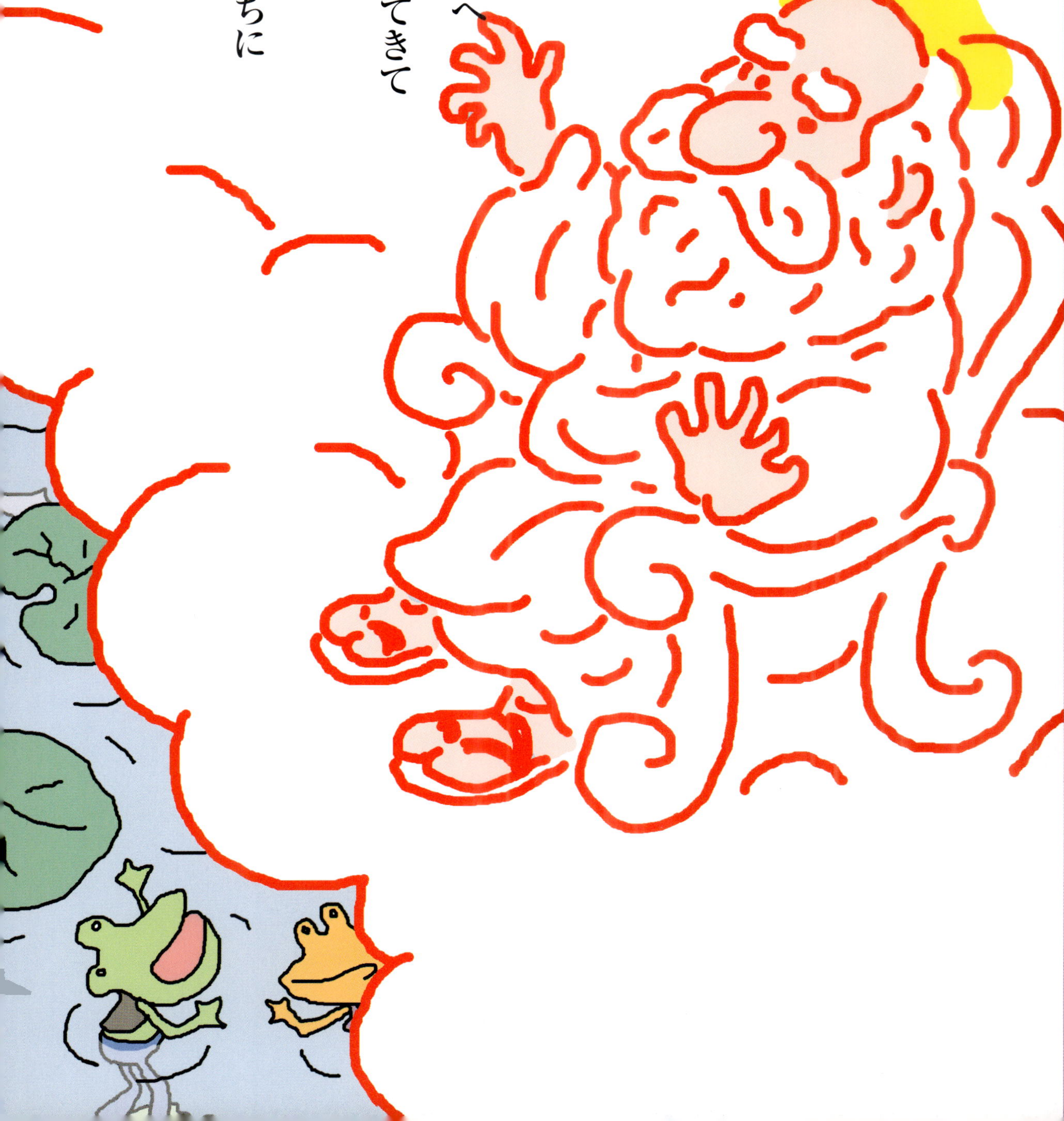

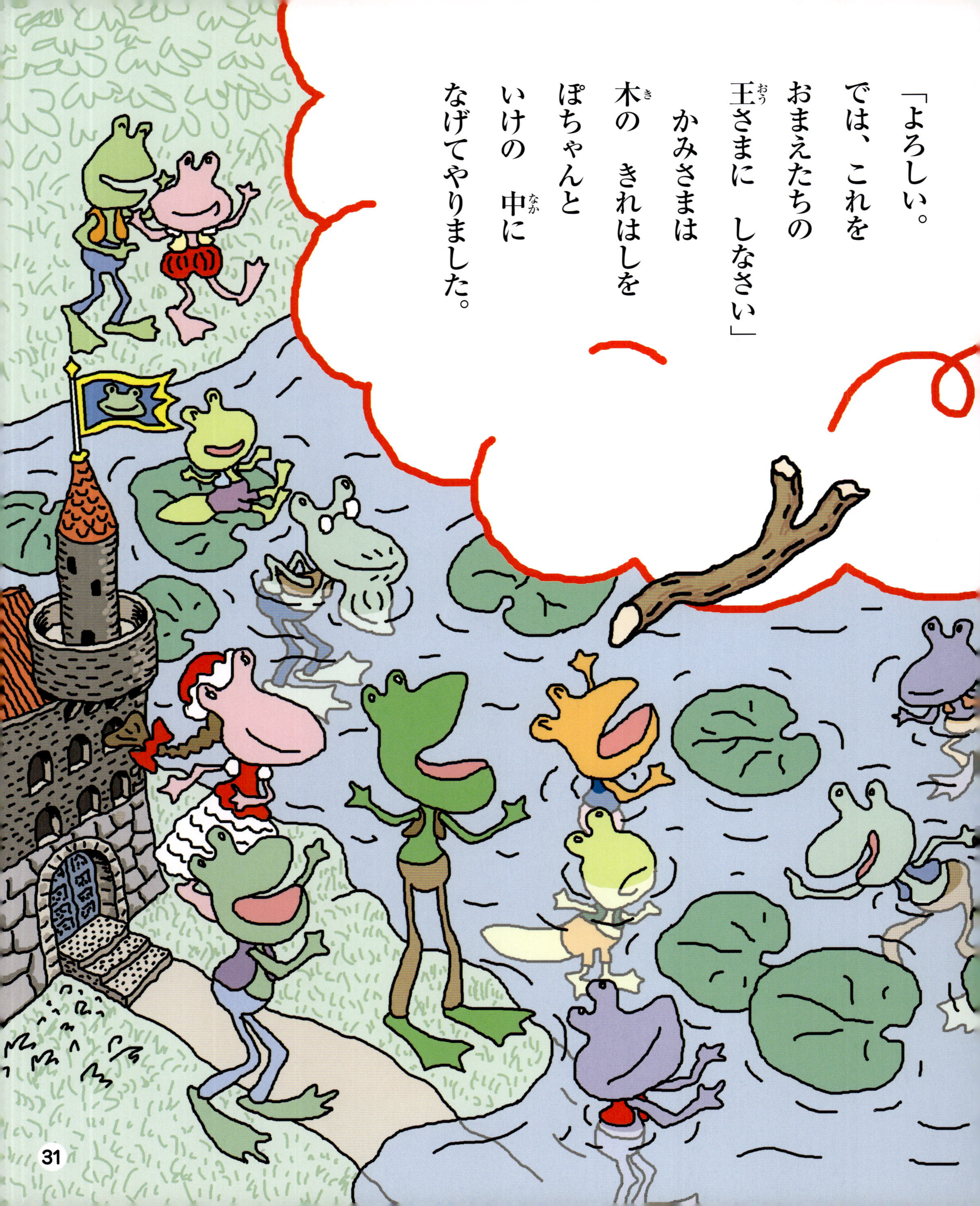

「よろしい。
では、これを
おまえたちの
王さまに　しなさい」
かみさまは
木の　きれはしを
ぽちゃんと
いけの　中に
なげてやりました。

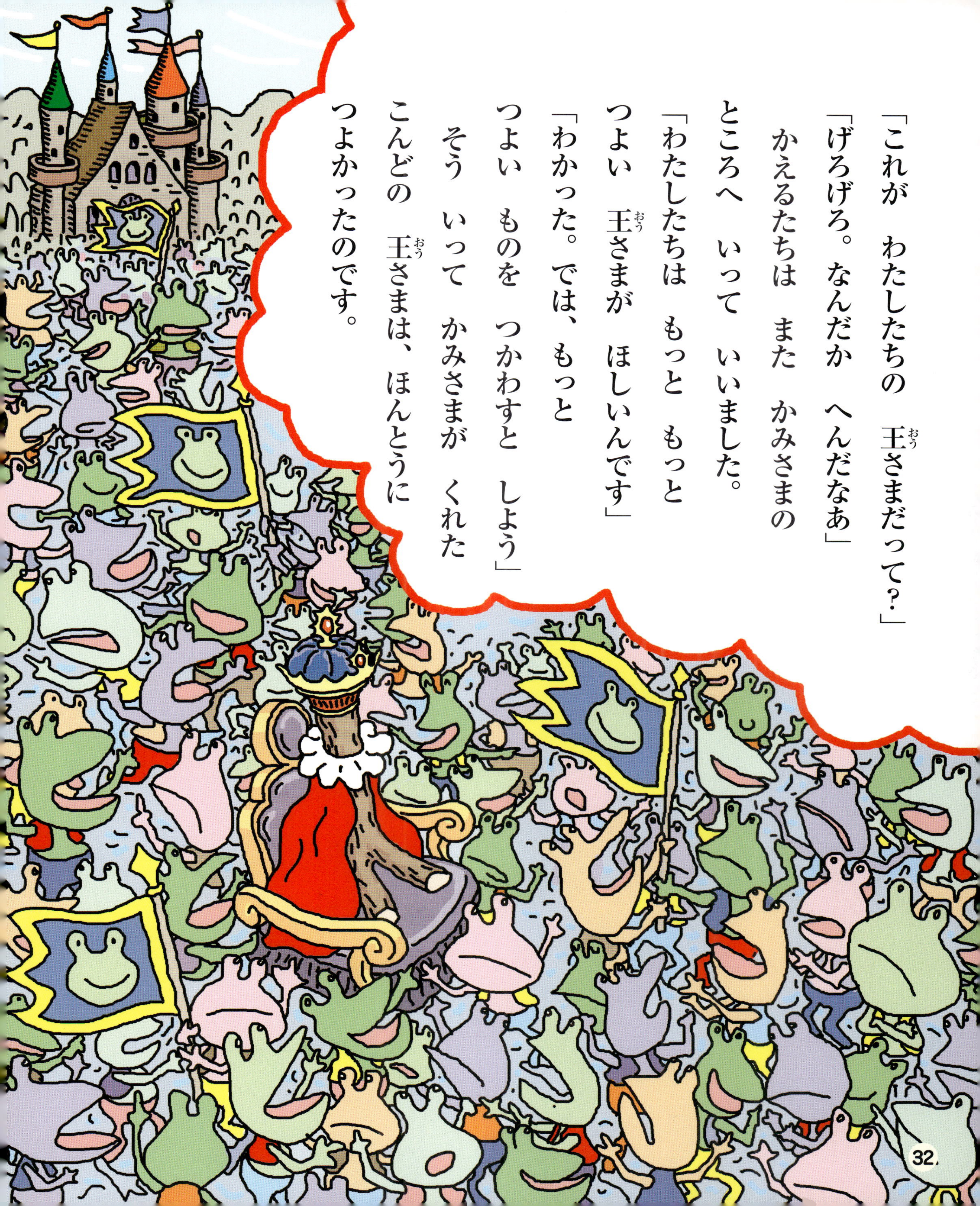

「これが　わたしたちの　王さまだって？」
「げろげろ。なんだか　へんだなあ」
かえるたちは　また　かみさまの
ところへ　いって　いいました。
「わたしたちは　もっと　もっと
つよい　王さまが　ほしいんです」
「わかった。では、もっと
つよい　ものを　つかわすと　しよう」
そう　いって　かみさまが　くれた
こんどの　王さまは、ほんとうに
つよかったのです。

なにしろ　かえるたちの　にがてな
へびだったのですからね。
「きゃーっ、にげろ。げろげろーっ」
かえるたちは　ぴょん　ぴょん
大(おお)さわぎだったとさ。

（おわり）

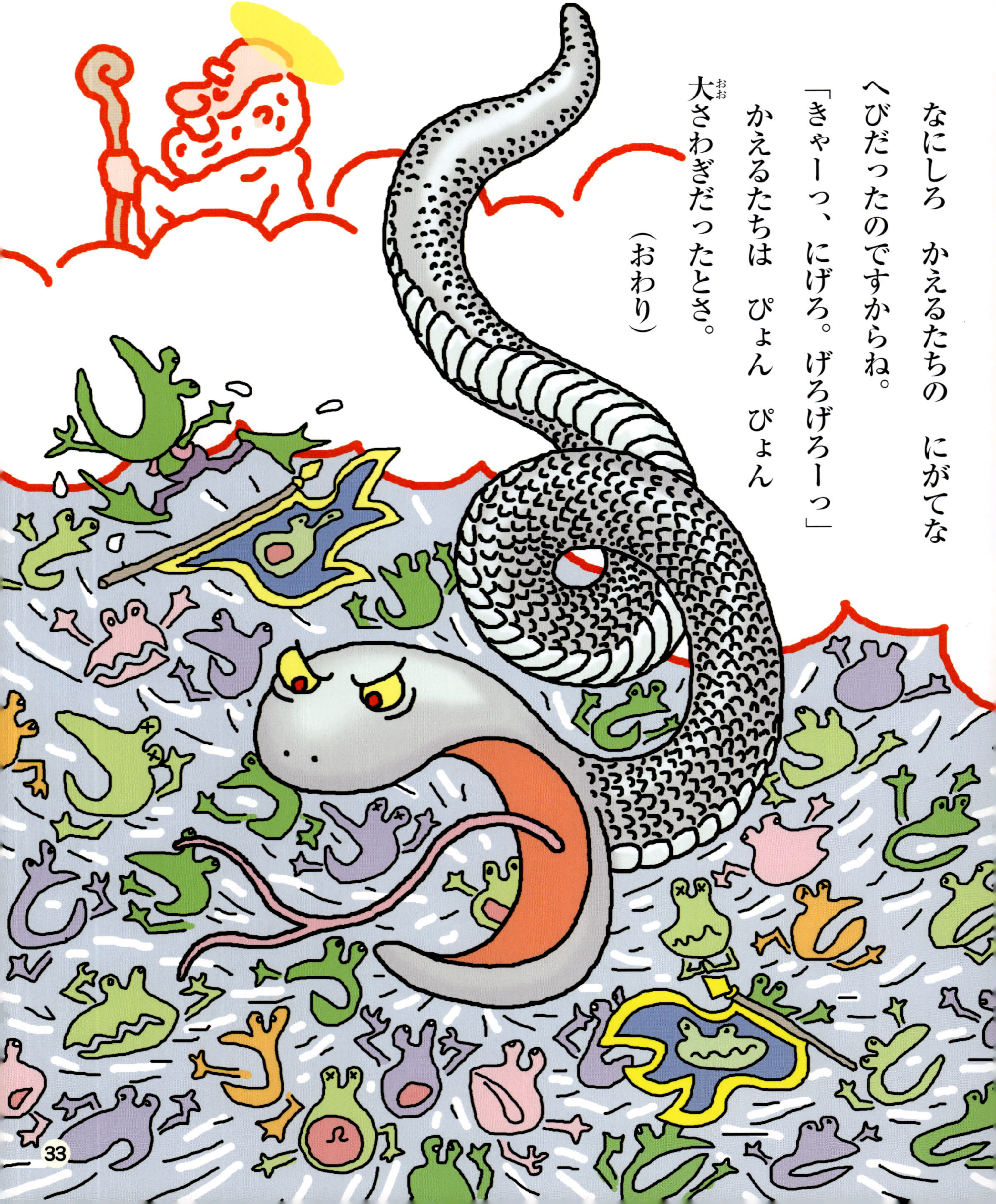

犬と　にわとりと　きつね

文●立原えりか
絵●入山さとし

なかよしの　犬と　にわとりが
りょこうに　出かけました。
「どこまでも　どこまでも
いっしょに　あるいていこう」
「せかいじゅうを　たんけんしよう」
犬と　にわとりは、
元気に　あるいていましたが、
いつのまにか　よる。
「こんやは　ここで　ねよう」
犬は　大きな　木の　下に　すわりました。
にわとりは　木の　上に　とまりました。
「こっこっこっ　こけっこう」
にわとりは　よるの　うたを　うたいます。

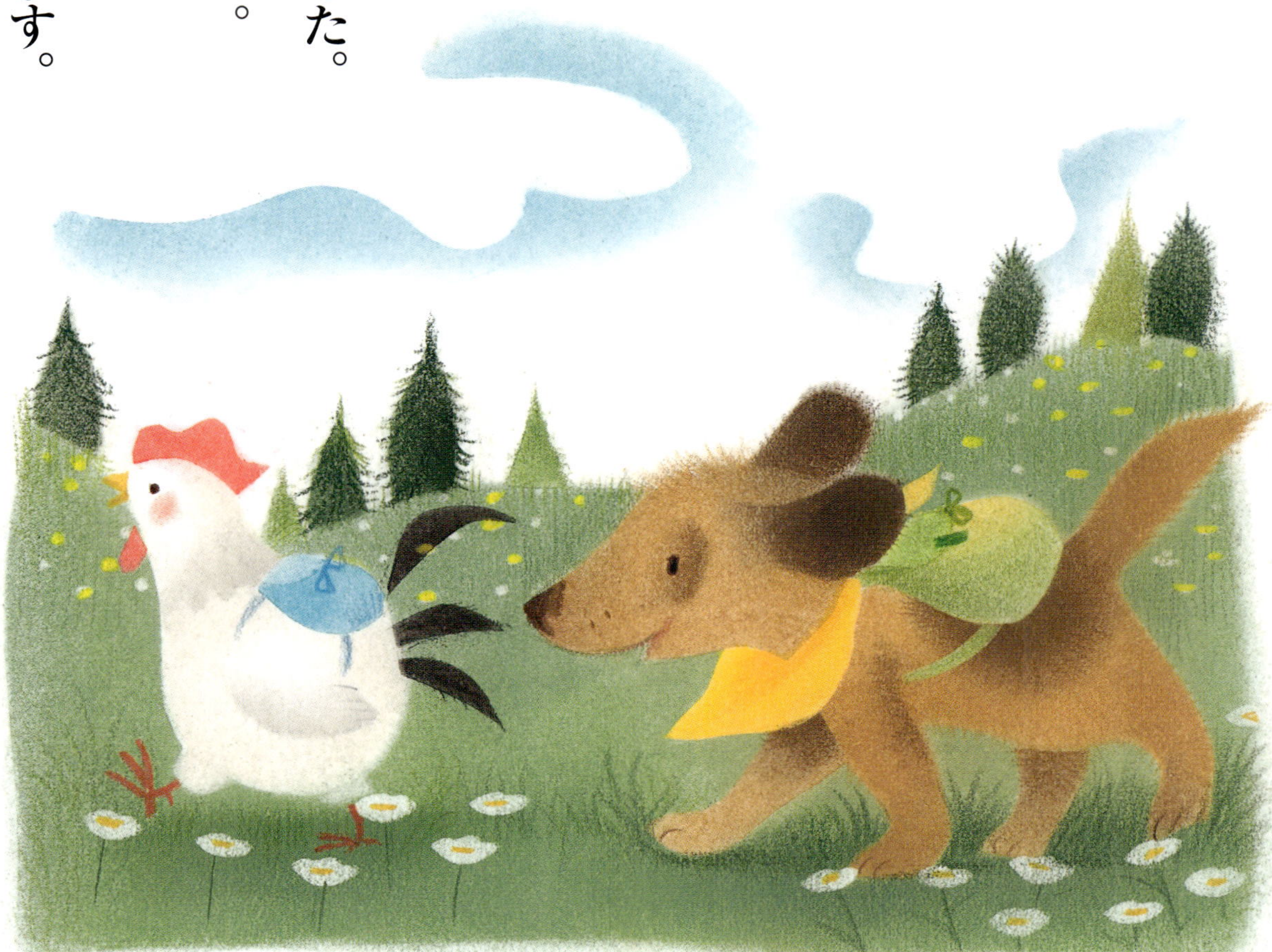

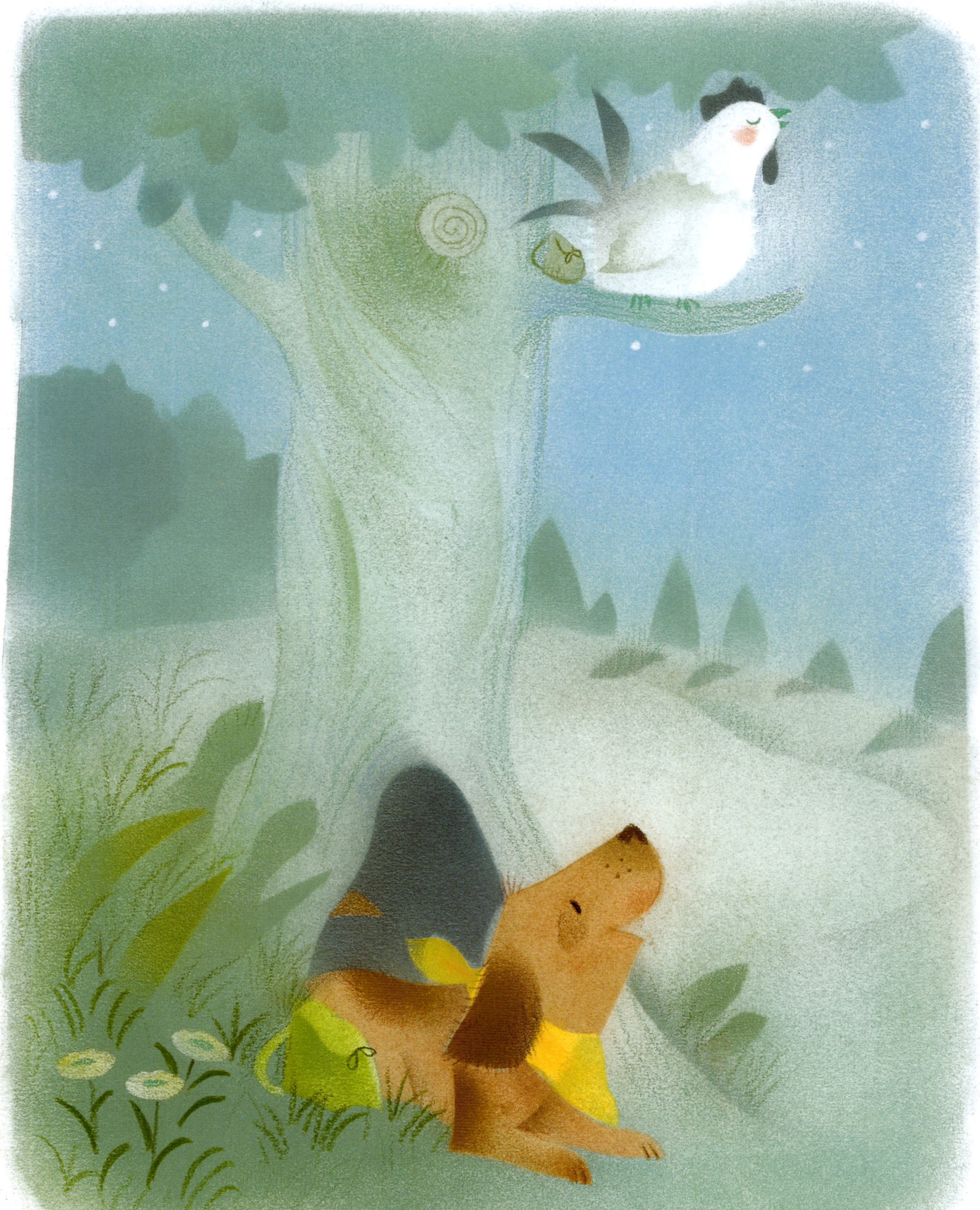

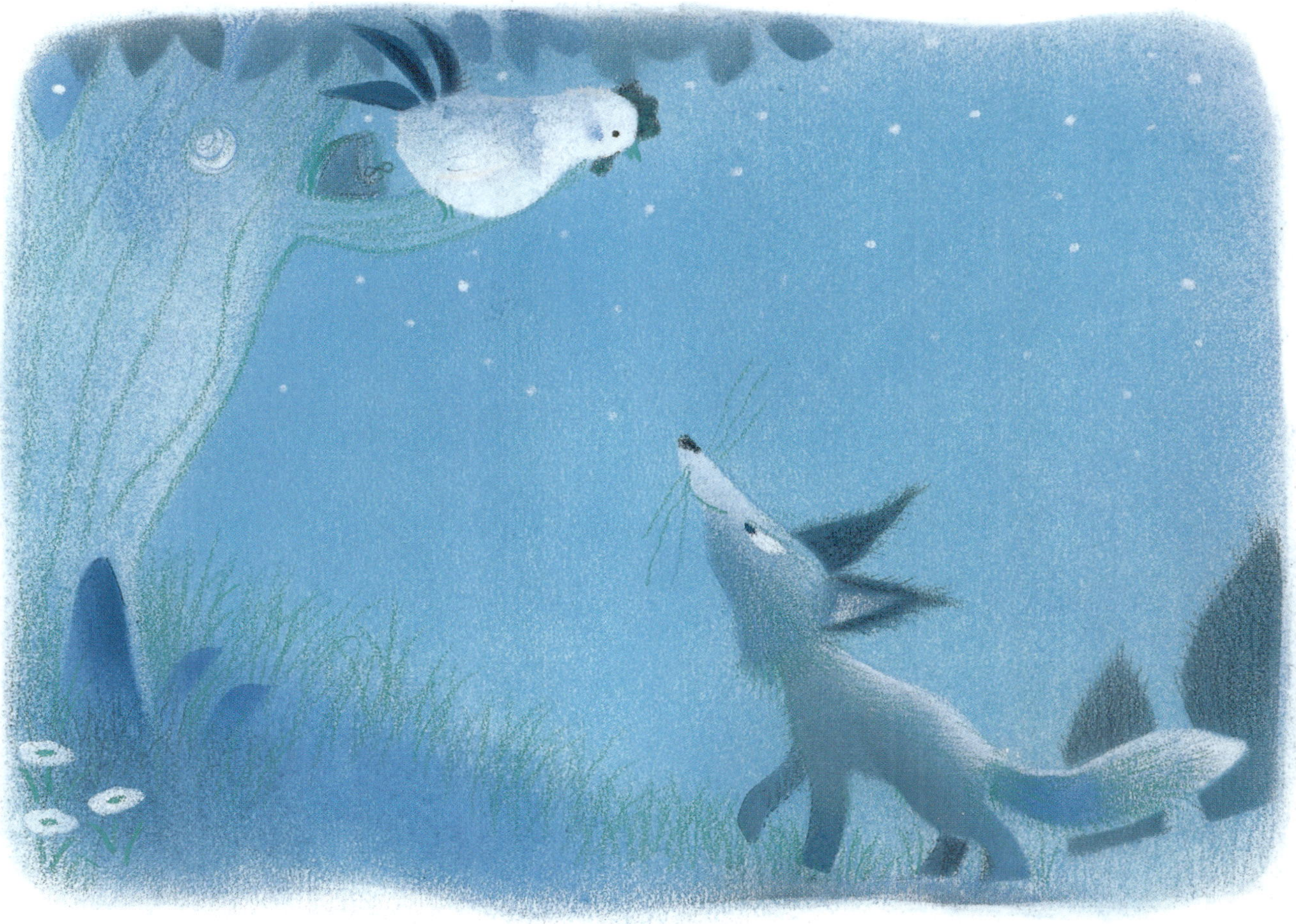

「ああ、なんて
おいしそうな　こえだろう」
にわとりの　こえを　きいたのは、
はらぺこの　きつね。
きつねは　はしっていくと、
木を　見上げて　いいました。
「すてきな　こえの　にわとりさん、
どうか　下りてきてください。
おともだちに　なりたいんです」
「おともだちに　なりたいなんて
きっと　うそだよ」
かしこい　にわとりは
おもいました。
「あのきつね、ぼくを
たべようと　おもっているんだ」

にわとりは　かんがえて
こたえました。
「下に　いる　ともだちに
きいてください。ともだちが
いいと　いったら　下りてきます」
　そこで　きつねは
大ごえで　よびました。
「にわとりさんの　おともだちくん」
　ねむっていた　犬は　とびおき
うわん　と、きつねに　かみつきます。
「にわとりの　くせに、
犬を　ともだちに　しているなんて
とんでもないや」
　きつねは　びっくりぎょうてんして
にげていきました。

（おわり）

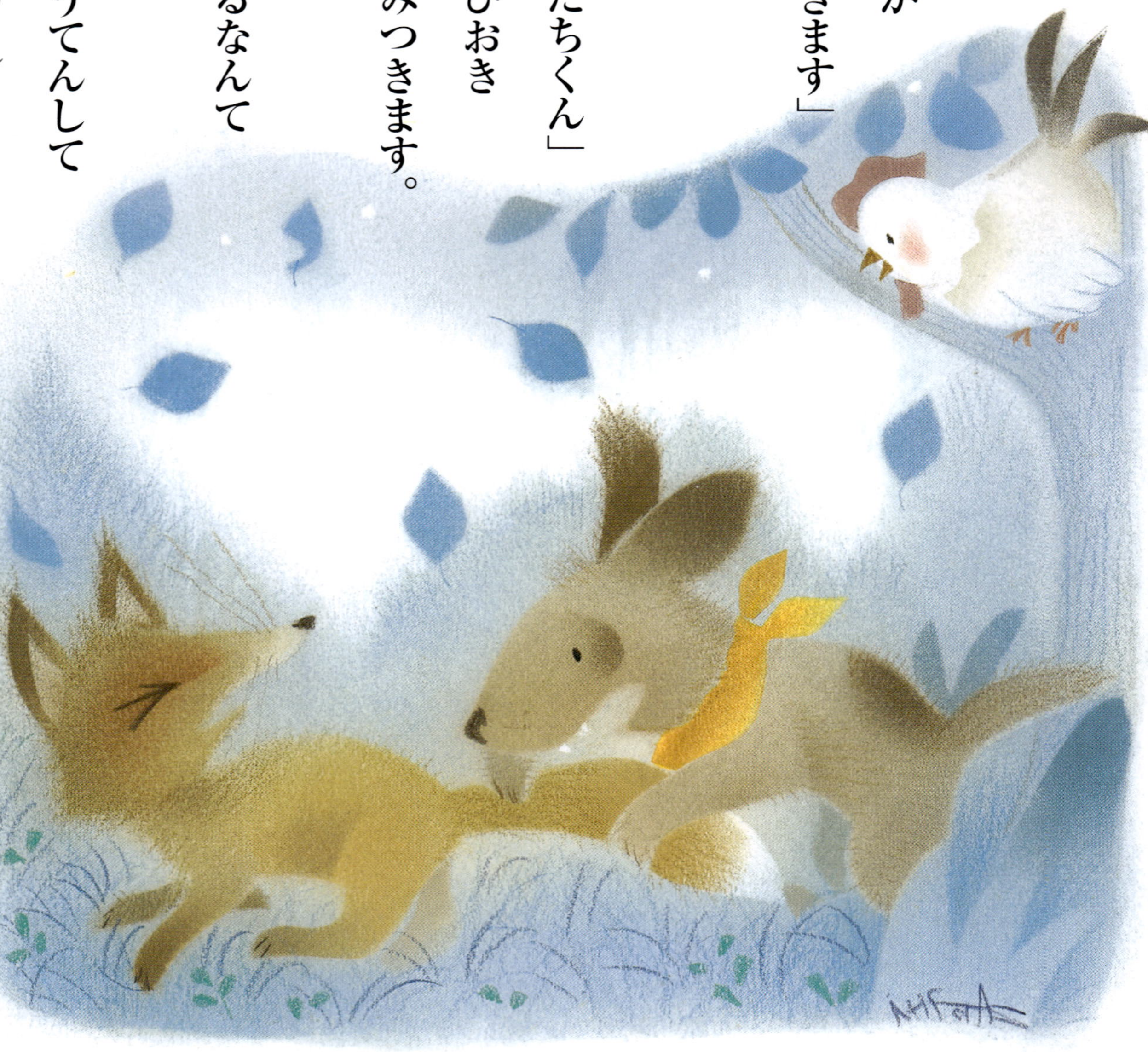

ろばの　しっぱい

文●岡本一郎
絵●みやざきひろかず

「ふう、　おもい。
なんて　おもいんだ」
大きな　にもつを　せおった
ろばが　いました。
せなかの　大きな　にもつの
なかみは　しおでした。
「さあ、　あの川を　わたらなきゃ」
そのときです。
つるん。

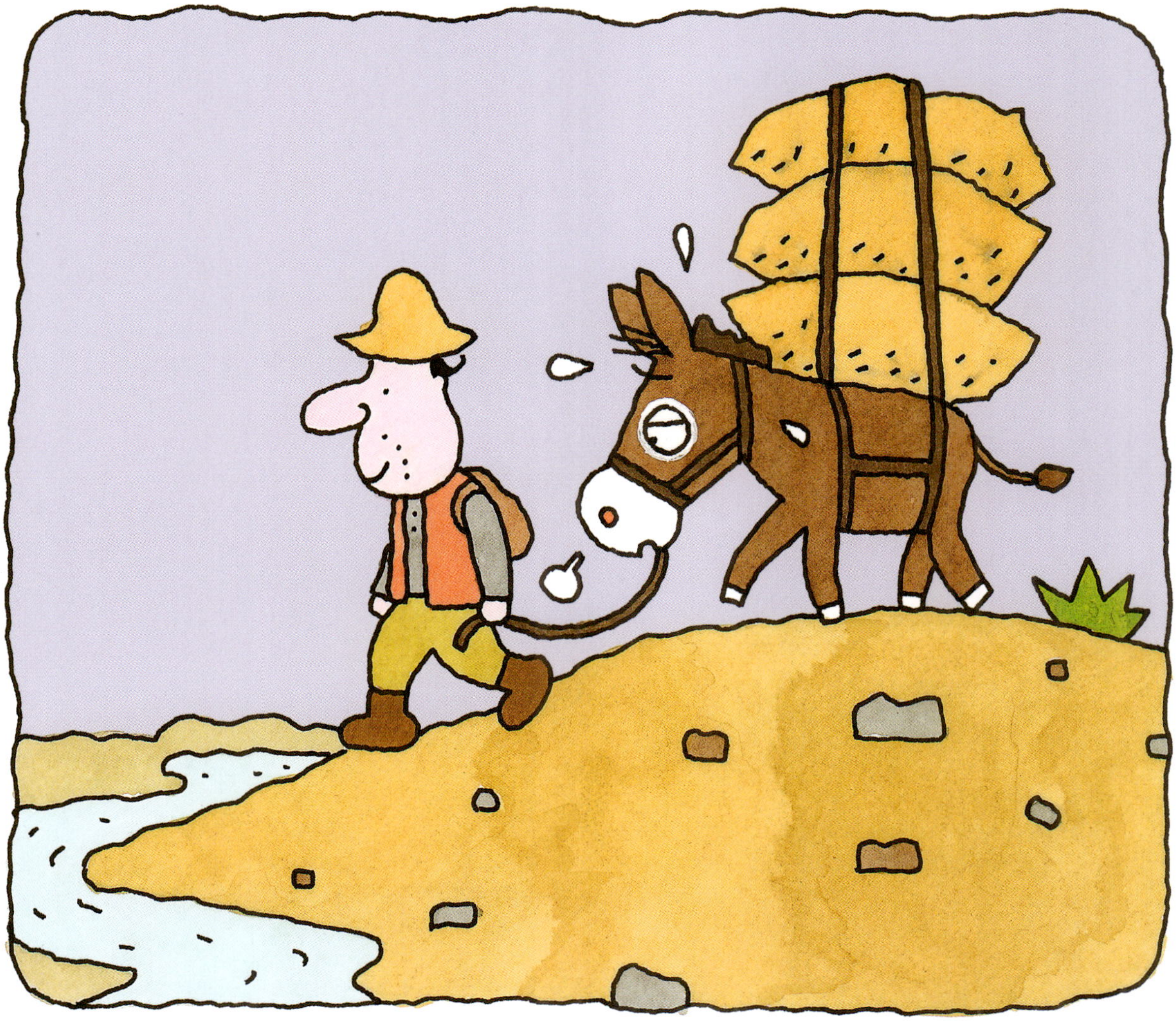

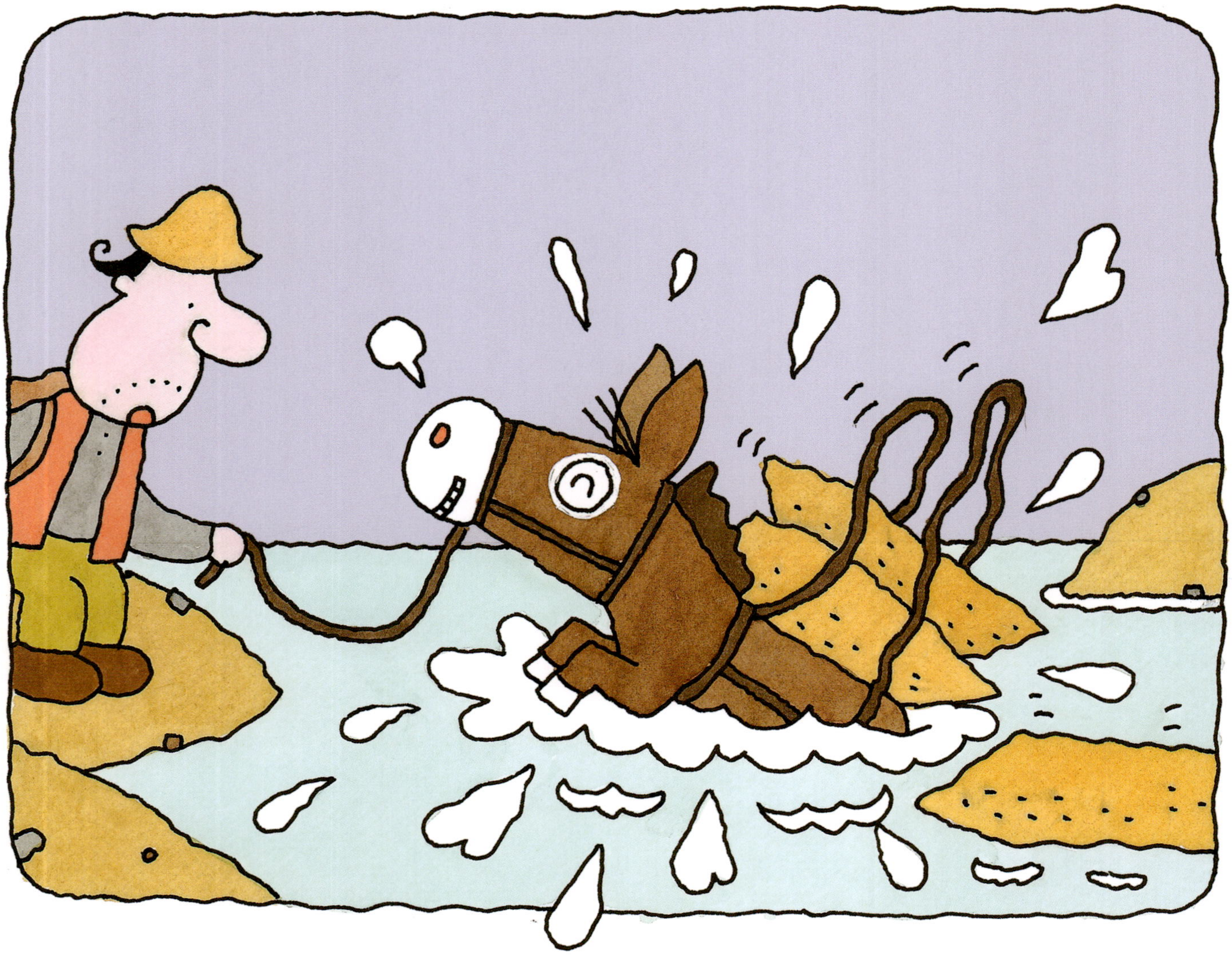

すべって
川の　中に
おちてしまいました。
「たすけてー」
むちゅうで　足を
ばたばたさせていた　ろばは、
「あれれ、にもつが
かるくなったぞ。
そうか、しおが
水に　とけたのか。
こりゃ　いいぞ」

つぎの　日も、
ろばは　大きな　にもつを
はこんで　川の　ところまで
やってきました。
「よーし、また　にもつを
かるくしてやれ。
えへへへ」
そう　かんがえると……、

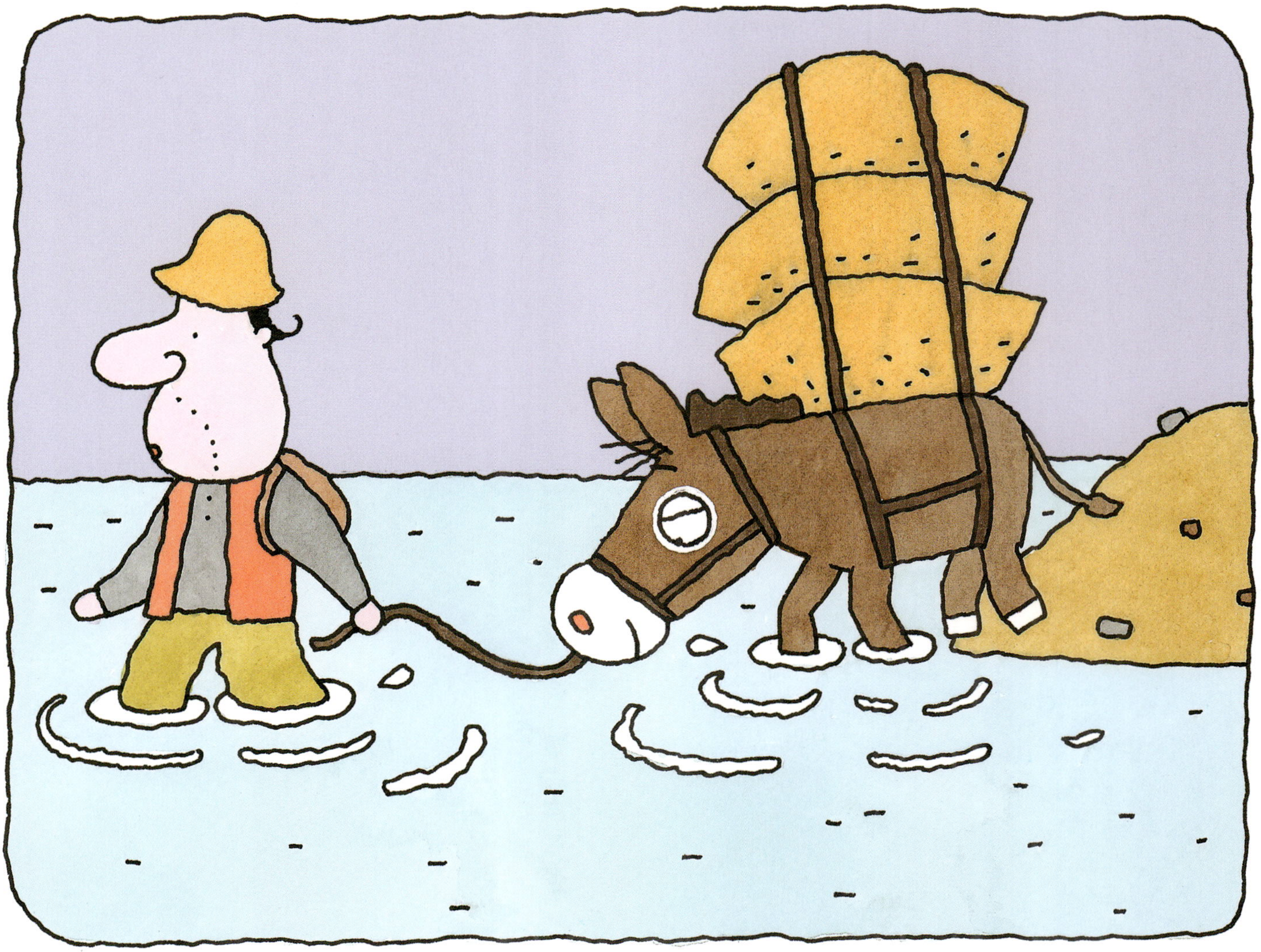

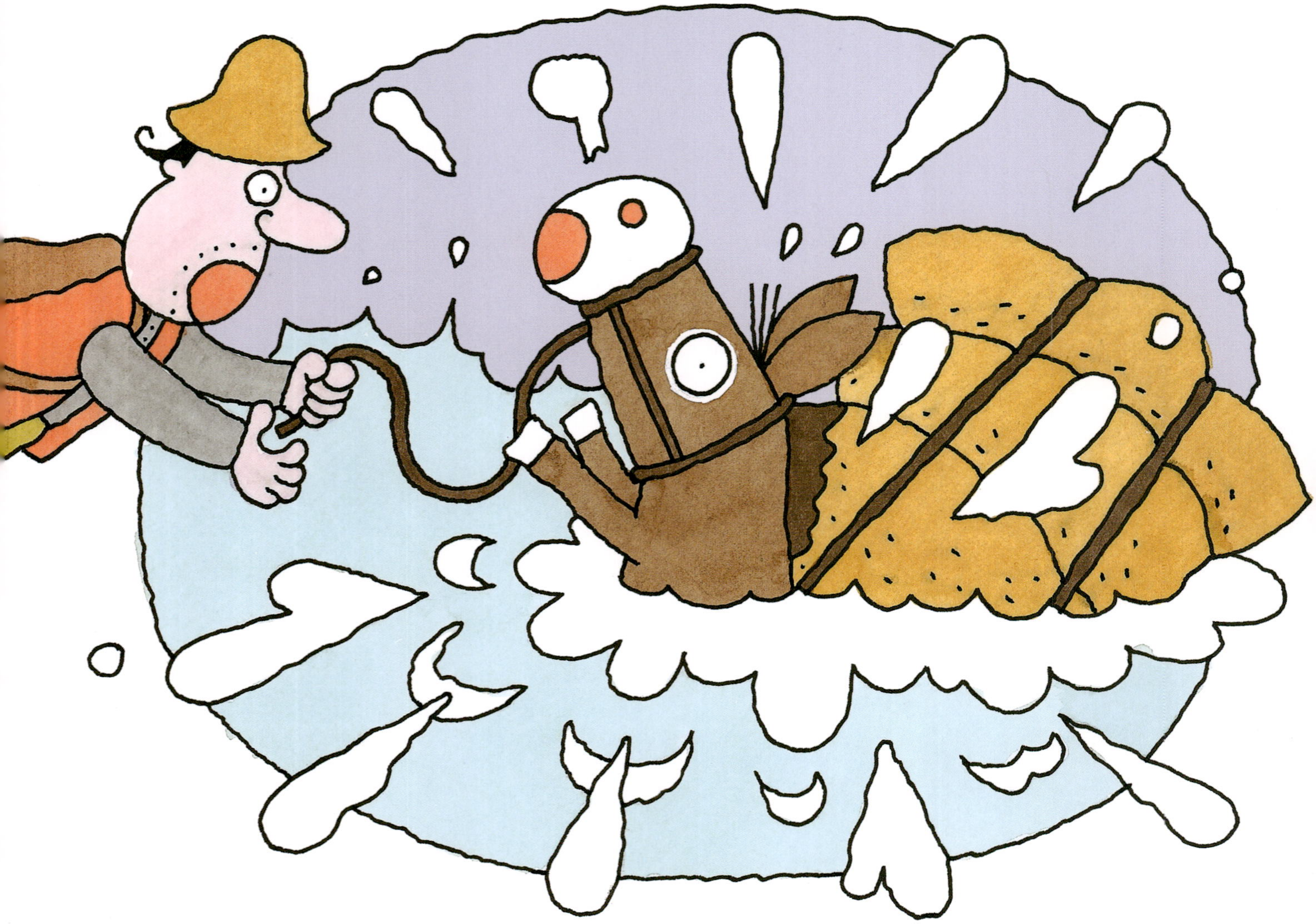

わざと
川の　中で　ころびました。
「わあっ、さっきより
おもくなったぞ」
きょうの　にもつは
しおではなくて
わただったのです。
わたは　水に　ぬれると
おもくなりますからね。
「あっぷ　あっぷ……、
たすけてー」　（おわり）

びょうきの　ライオン

文●すえよしあきこ
絵●中村陽子

としを　とった　ライオンは、このごろ
えものに　にげられてばかり。
「よわったな。なんとかして
えものを　つかまえなくちゃ」
それで　ライオンは
びょうきに　なった　ふりを
する　ことに　しました。
ほらあなの　中で、
「うーん、くるしいよう。
いたいよう」
と　いいながら　ねていると、
どうぶつたちが　やってきました。
「おい、ライオンが　びょうきらしいぞ」

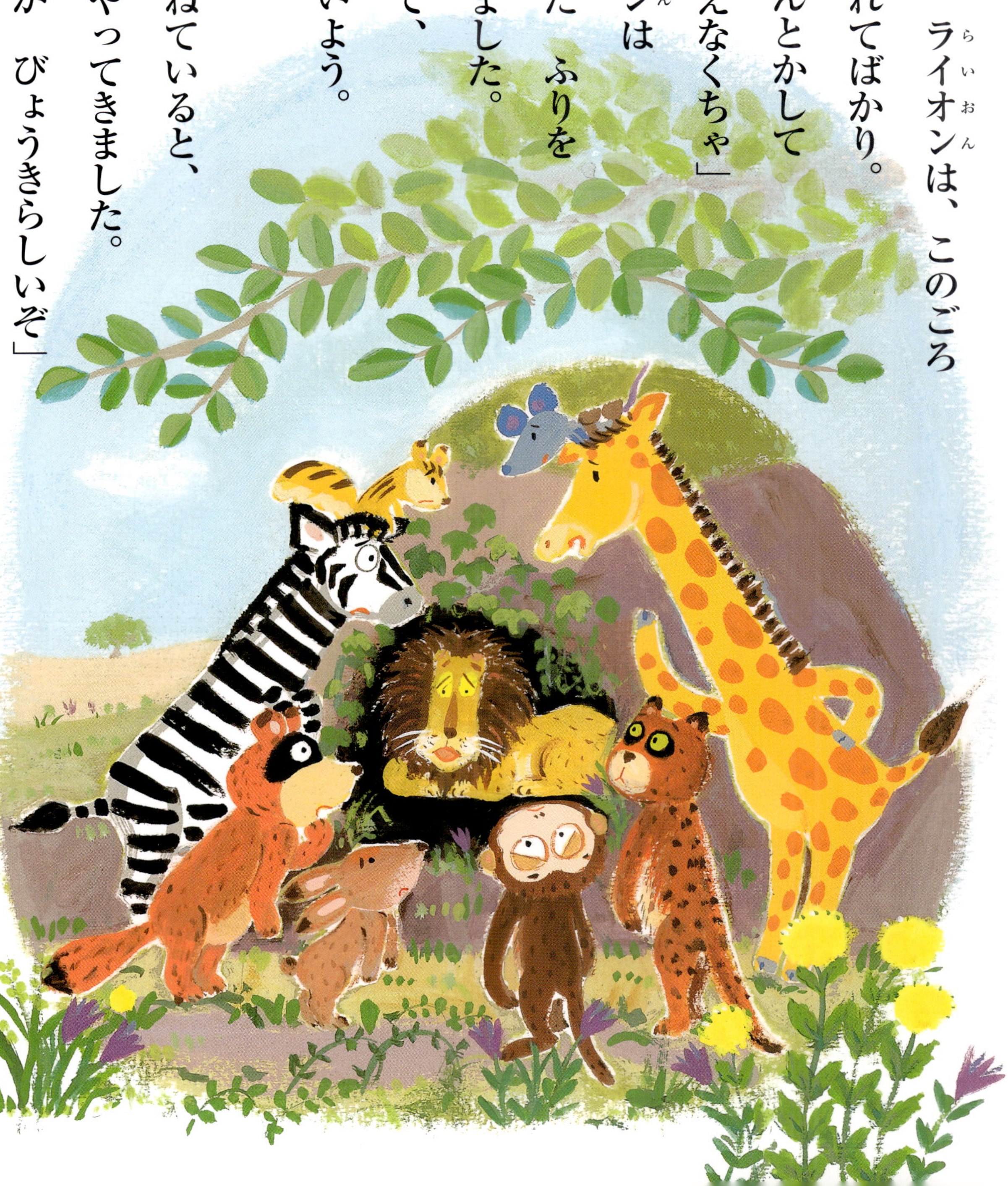

「ほんとかな。
見てこよう」
　ほらあなに
入っていった
どうぶつたちは、
「まってました。
ぱくっ！」
と　ライオンに
たべられてしまいました。

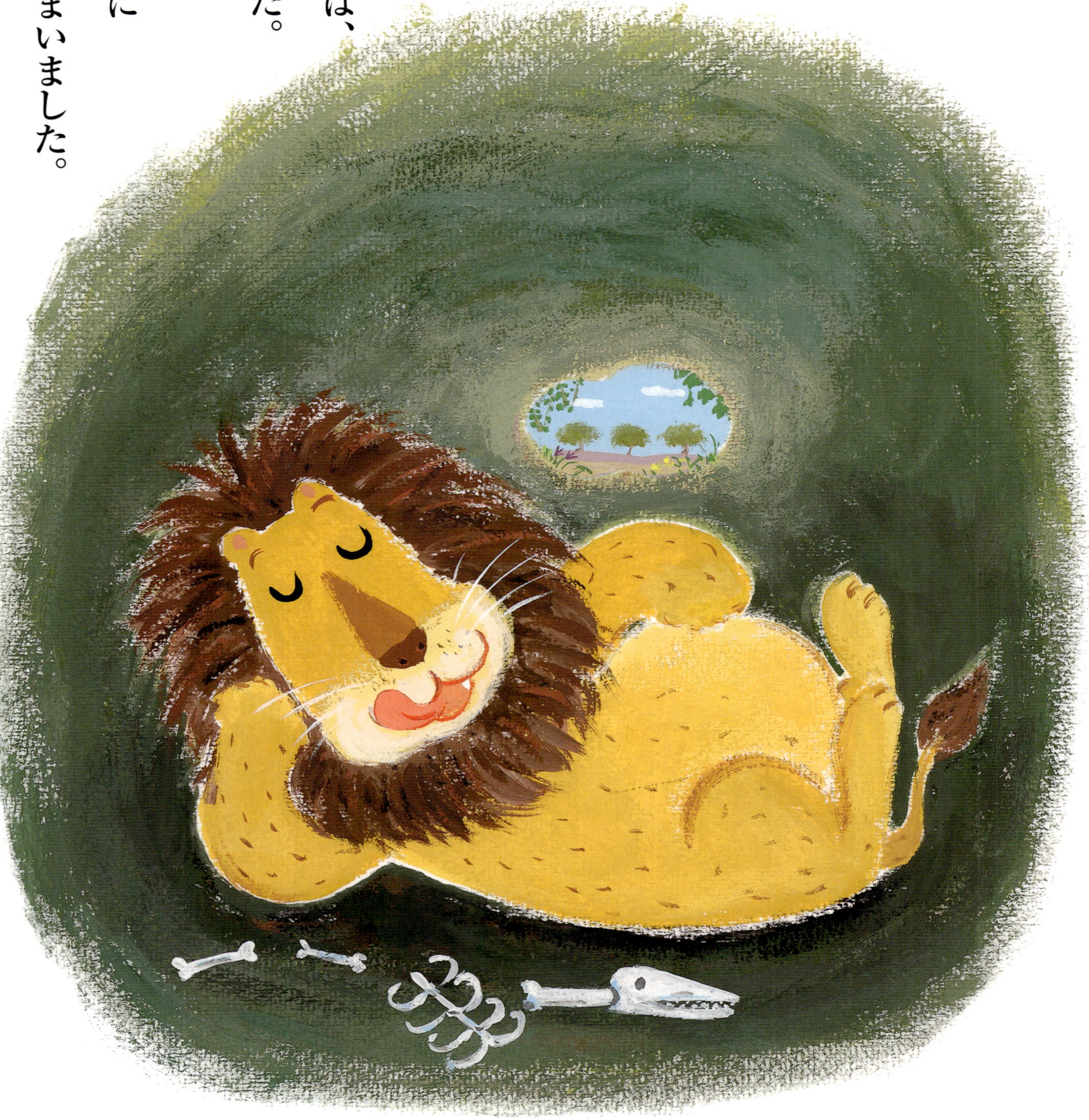

そこへ
やってきたのは
りこうな　きつねです。
きつねは　ほらあなの
ようすを　みて、
「ははん！」

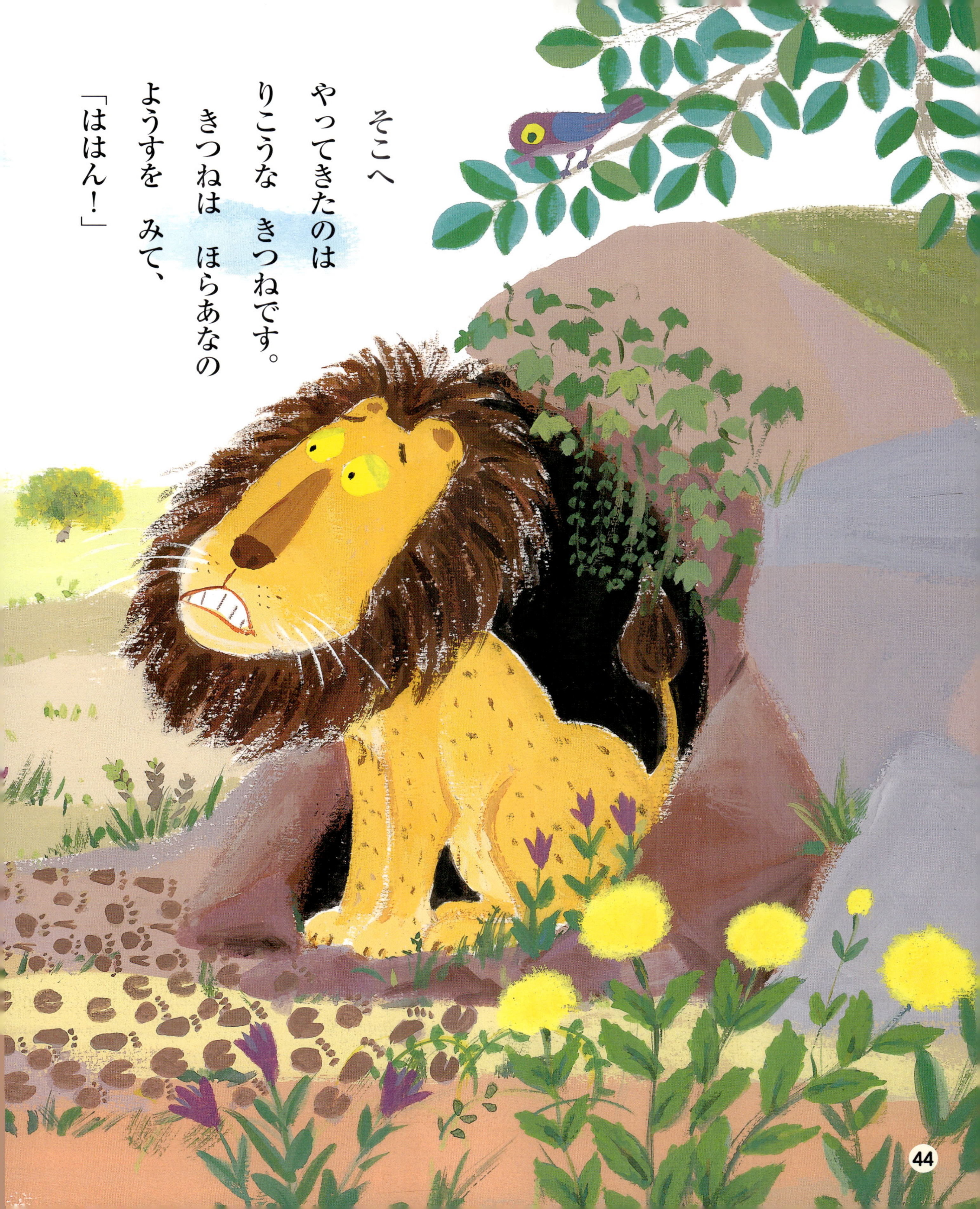

とうなずき、そとから
こえを　かけました。
「ライオンさん。おからだの
ぐあいは　どうですか」
「うーん　うーん。くるしくて
うごけない。こっちへ
入ってきておくれ」
　すると　きつねは、
「いやですよう。
だって　ほらあなに
入っていく　足あとは
いっぱい　あるけど、
出てくる　足あとは
ひとつも　ないじゃありませんか」
　そう　いって、バイバイと　かえっていきました。

（おわり）

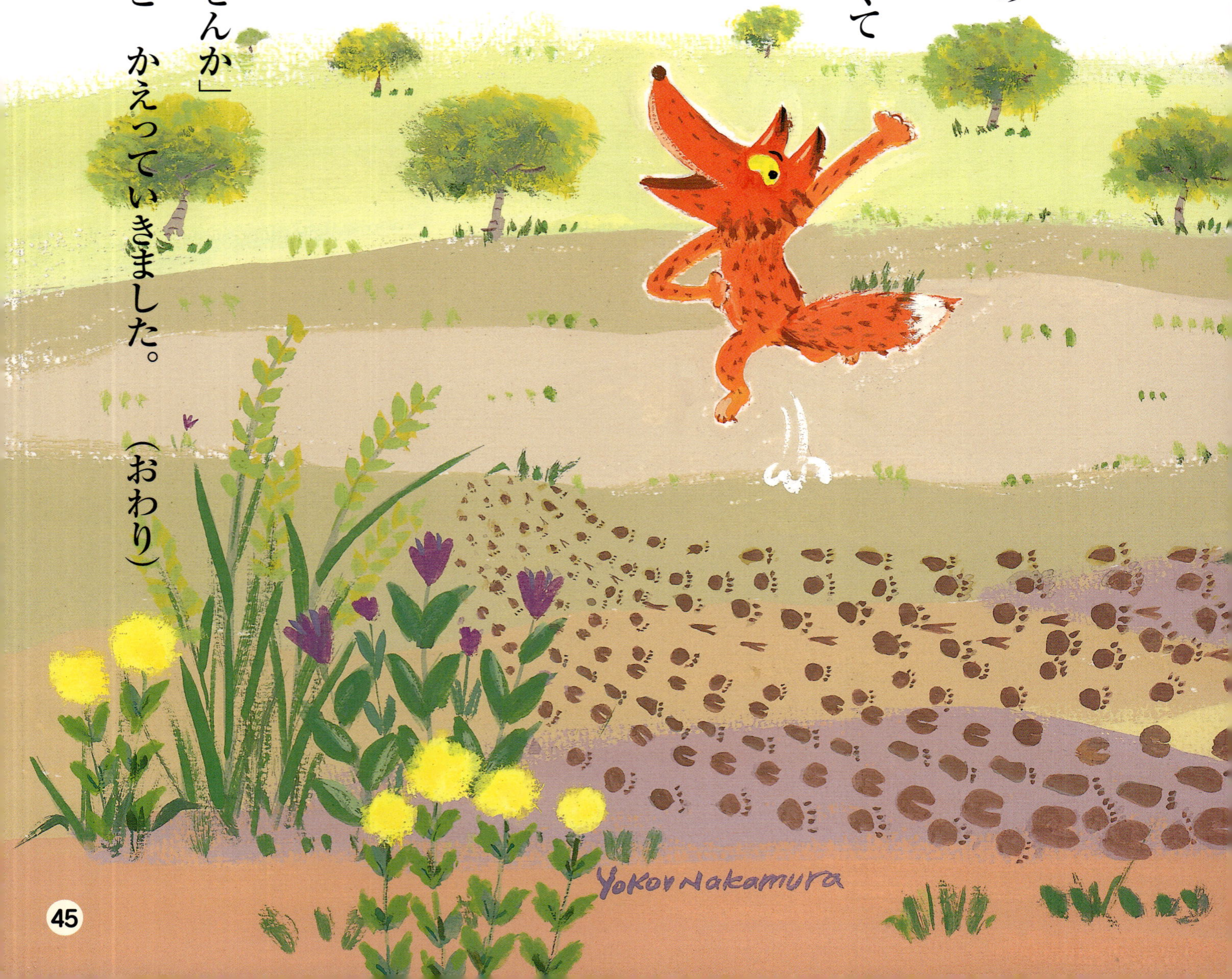

おしゃれな　からす

文●立原えりか
絵●はらだゆうこ

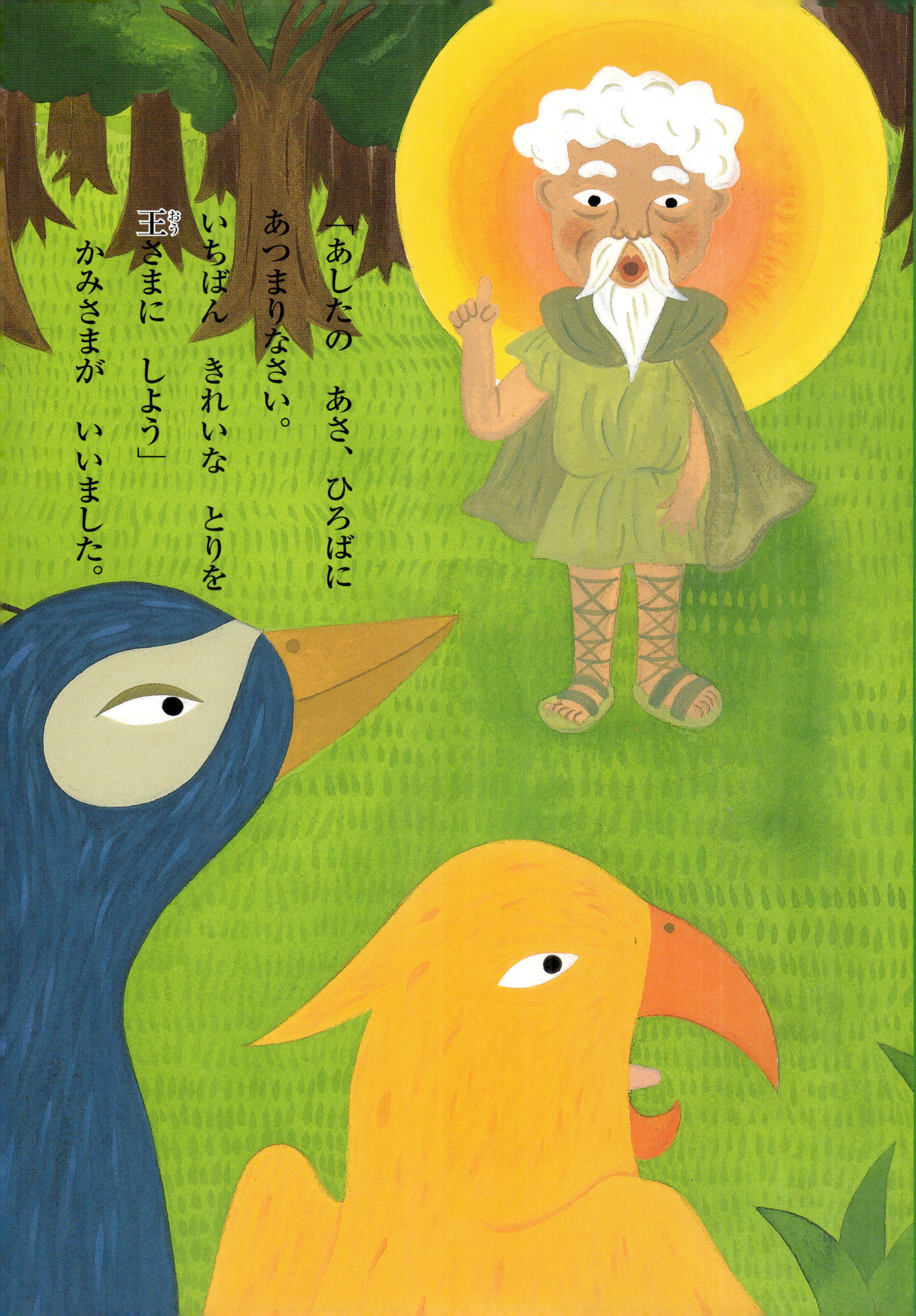

「あしたの　あさ、ひろばに
あつまりなさい。
いちばん　きれいな　とりを
王さまに　しよう」
かみさまが　いいました。

「王さまに　なるのは
わたしに　きまってるわ」
くじゃくが　はねを　ひろげました。
「いちばん　きれいなのは　このぼくだね」
おうむも　はねを　ひろげました。

「わたしこそ　さいこうだわ。
大きくて　まっしろいんですものね」
はくちょうは　さっさと
みずうみに　入ると、
からだを　あらいはじめます。
まっしろい　つばさが　もっと
きれいに　なるように。

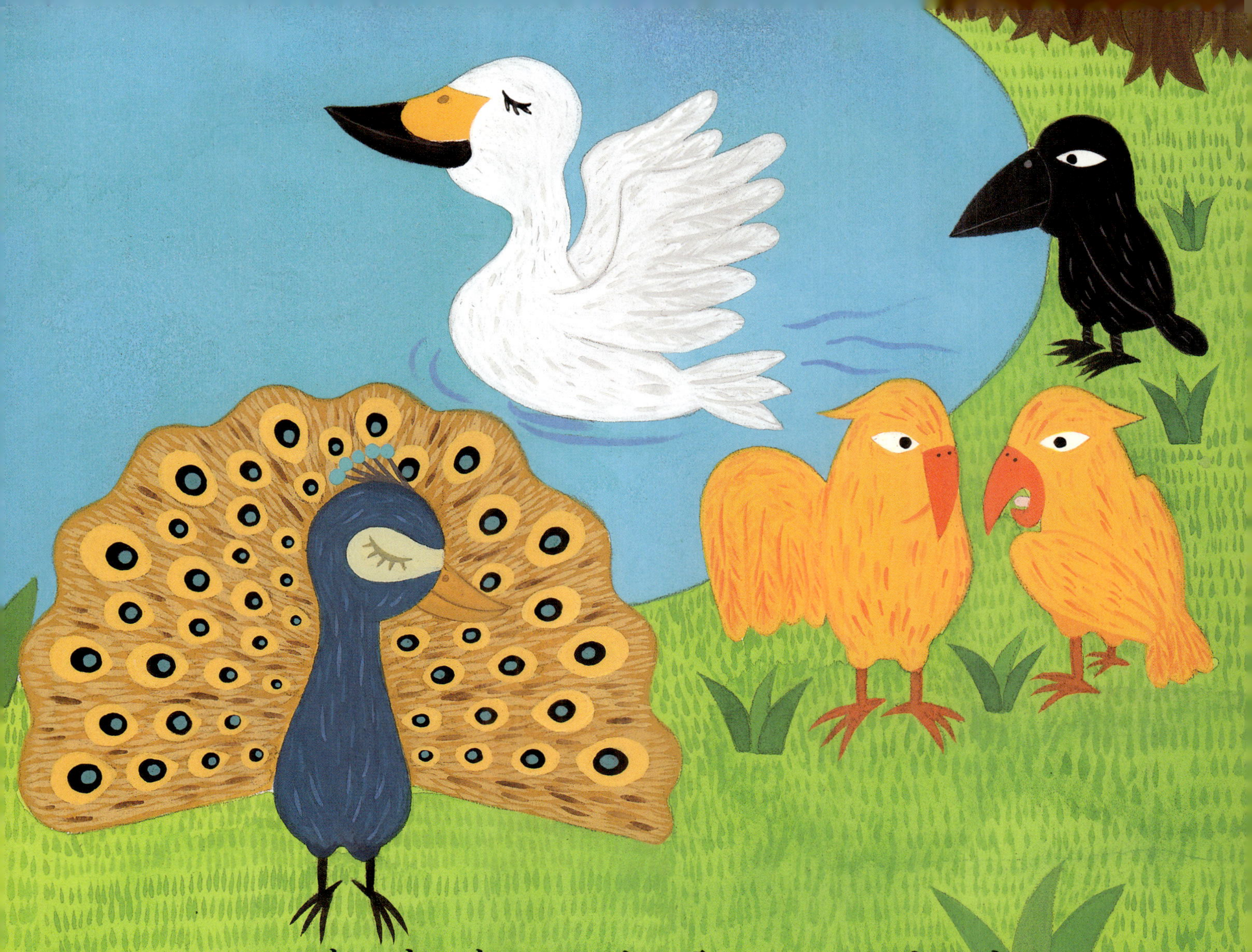

「そうだ。きれいに　なるには、
まず　せいけつに
しなくちゃね」
　ほかの　とりたちも、
つぎつぎに　みずうみに
入ると、せっせと
からだを　あらいます。
「ぼくだって　王さまに
なりたい。だけど、こんなに
まっくろじゃ　なれっこないや。
ああ、きれいに　なりたいな」
　からすは　かんがえて、
いいことを　おもいつきました。

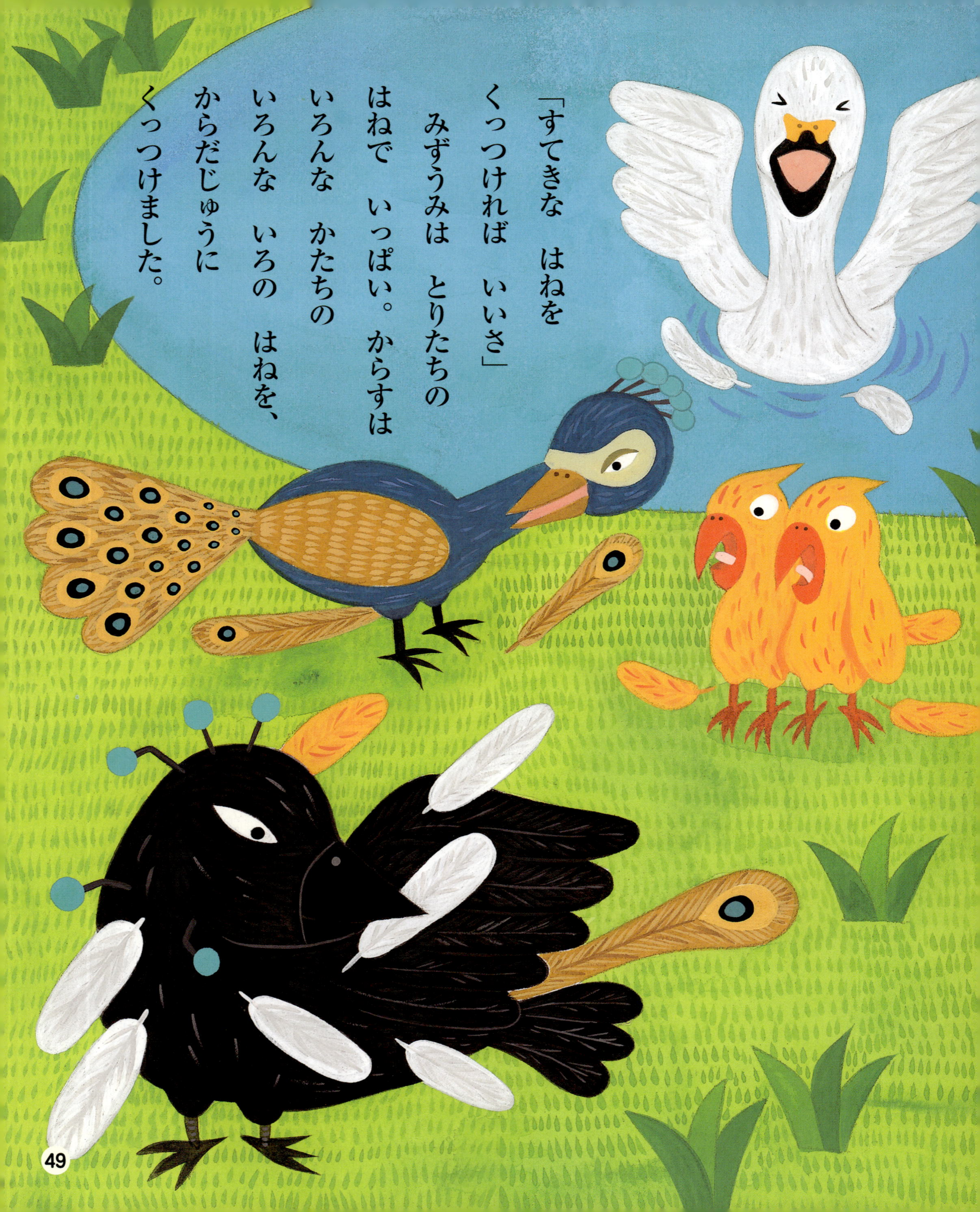

「すてきな　はねを
くっつければ　いいさ」
みずうみは　とりたちの
はねで　いっぱい。からすは
いろんな　かたちの
いろんな　いろの　はねを、
からだじゅうに
くっつけました。

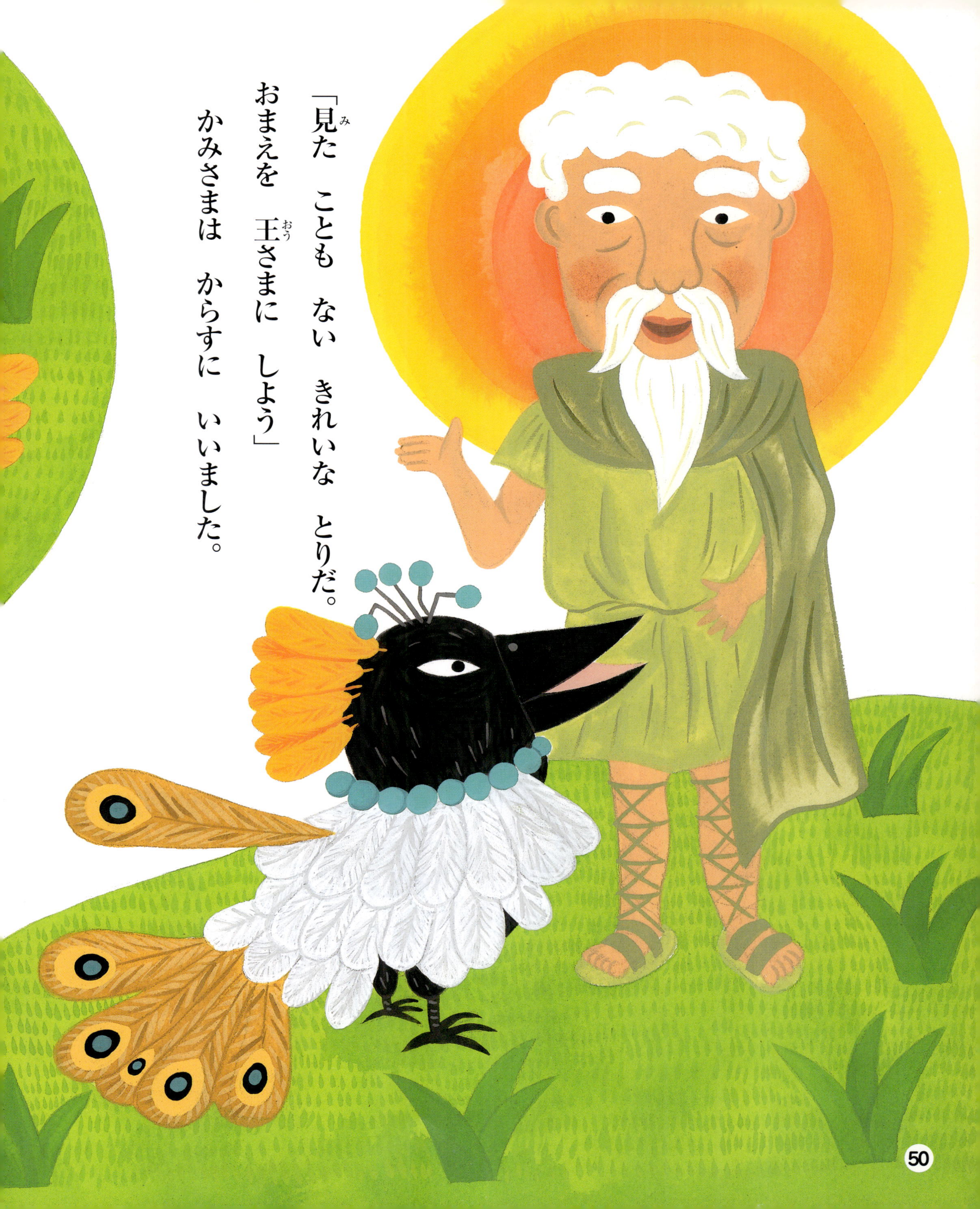

「見た　ことも　ない　きれいな　とりだ。
おまえを　王さまに　しよう」
かみさまは　からすに　いいました。

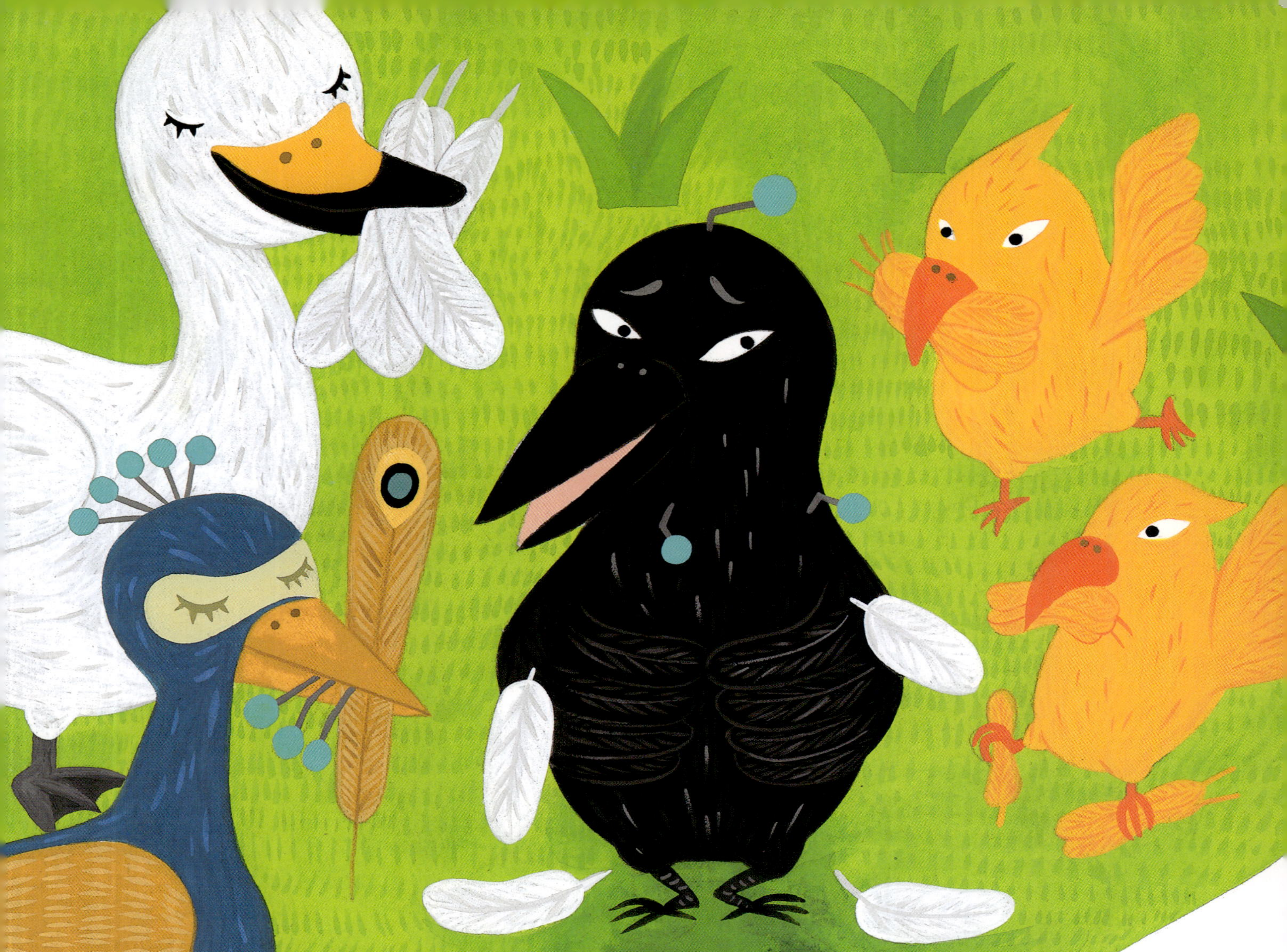

「そんなの　ないよ。
こいつが　くっつけているのは、
ぼくの　はねだ」
「わたしの　はねも
つけてるわ」
「ぼくのも」
「わたしのもよ」
おこった　とりたちが
よってたかって　はねを
とりかえすと、からすは
もとの　まっくろに
もどってしまいました。
王さまえらびは
やりなおしです。

（おわり）

しょうじきな 木こり

文●立原えりか
絵●宮本忠夫

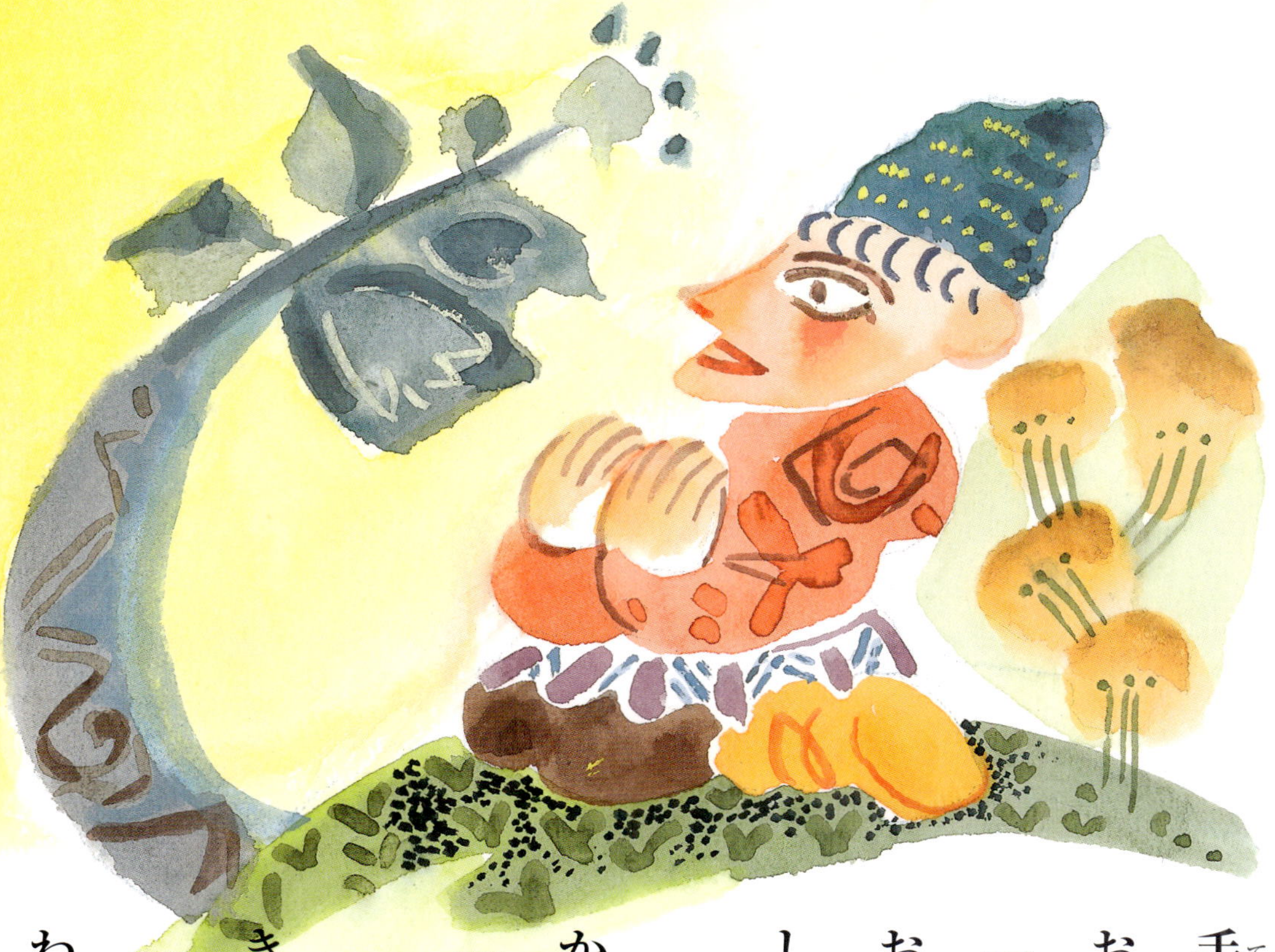

木こりが 木を きっていると、
手を すべらせて、
おのが いけの 中に ぽしゃん。
「ああ、どうしよう。
おのが なくては しごとが できない。
しごとが できなくては たべものも かえない」
木こりが ないていると、
かみさまが あらわれて いいました。
「おまえの おのは これですか」
かみさまが もっているのは、
きらきら ひかる 金の おの。
「いいえ、とんでもない。
わたしの おのは、金では ありません」

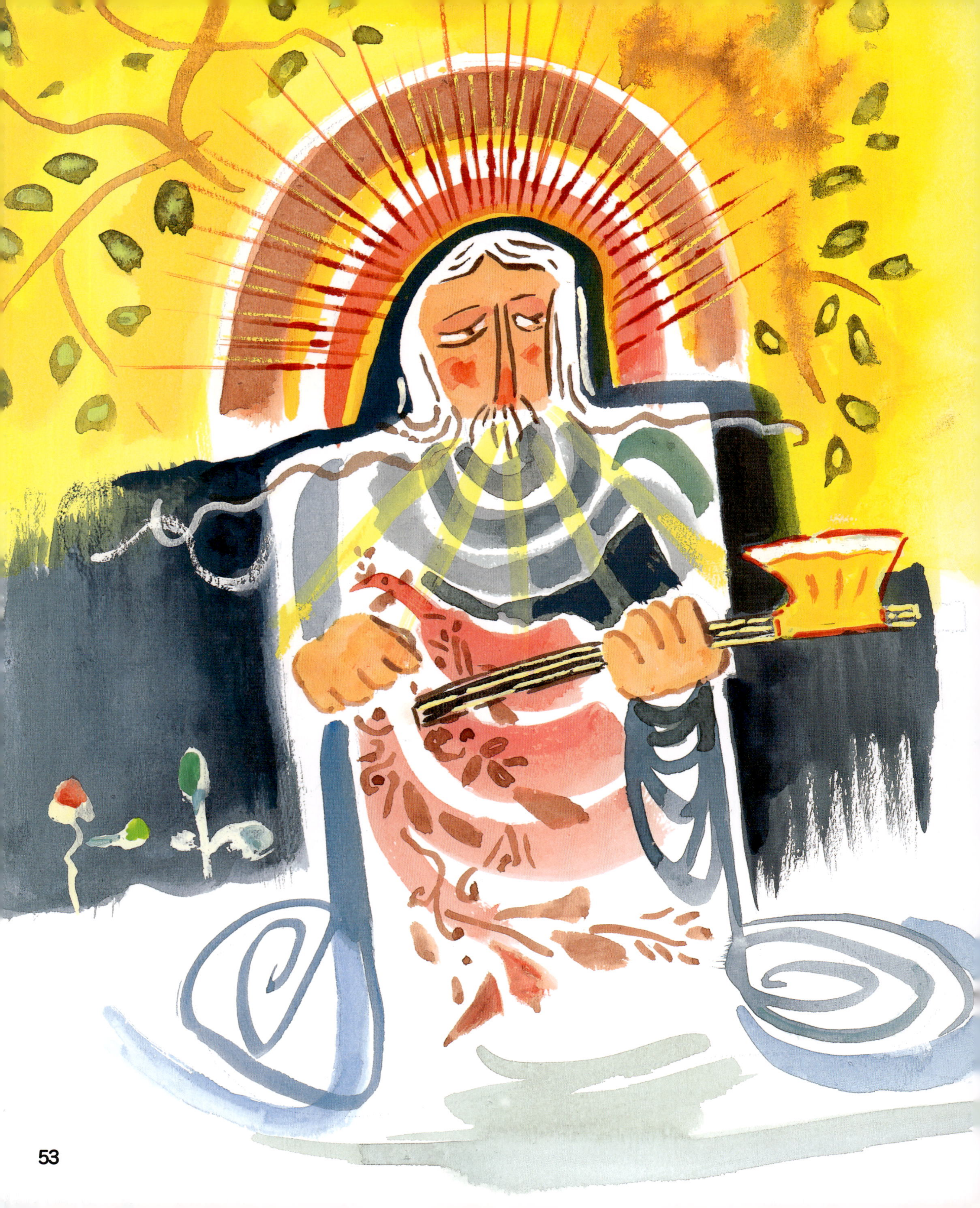

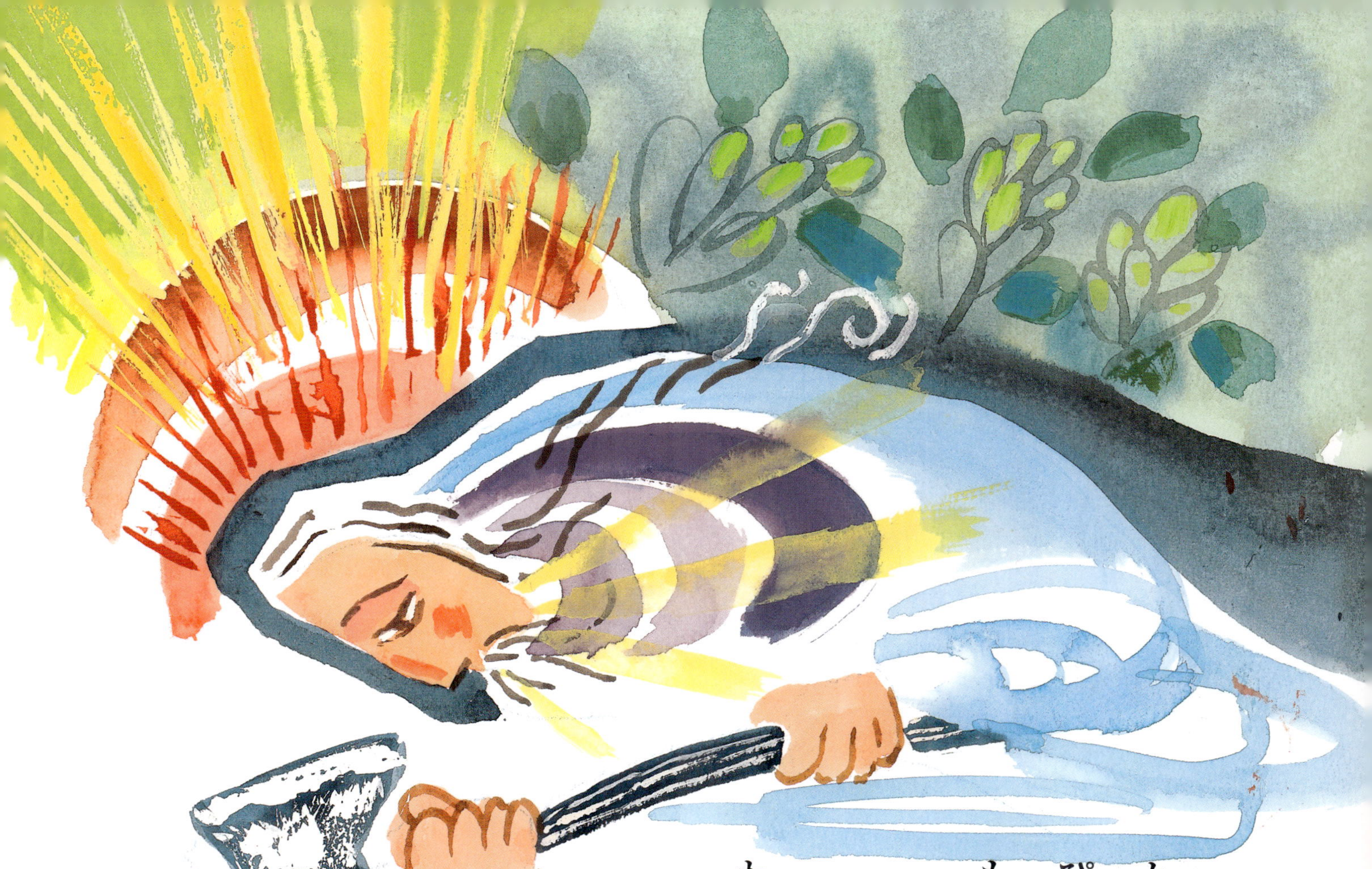

しょうじきな　木こりが　いうと、
かみさまは　また　いけに　もぐって、
ぴかぴか　ひかる　銀の　おのを
もって　きました。
「では、これですか」
「いいえ、ちがいます。
わたしの　おのは、銀では　ありません」

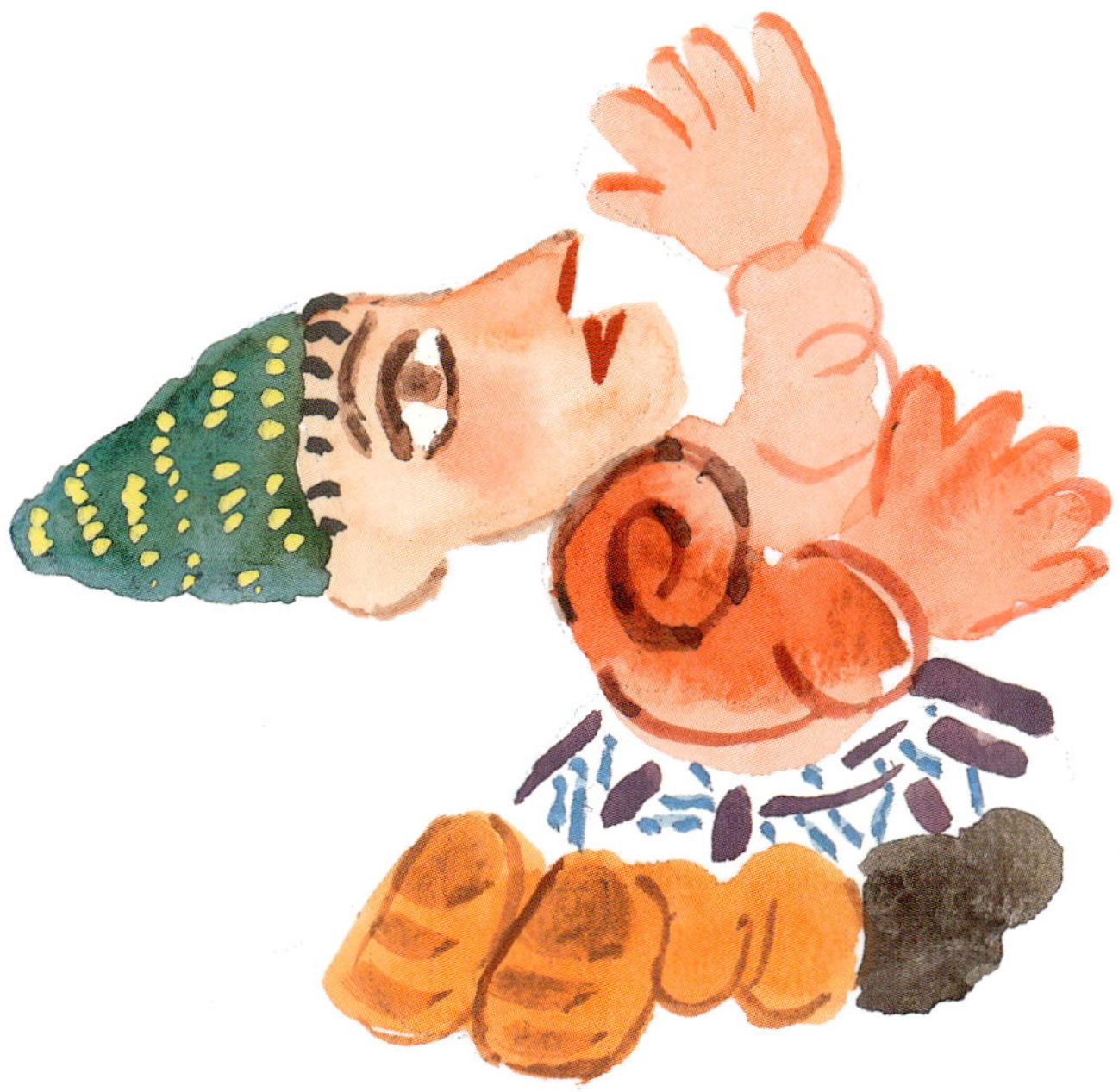

「では、これですか」
三ばん目に　かみさまが　もってきたのは、
きずだらけの　てつの　おの。
「はい、そうです。
これで　しごとが　できます。ありがとうございました」
木こりが　いうと、かみさまは　にっこりしました。
「しょうじきものの　おまえに、ごほうびを　あげよう。
金の　おのも、銀の　おのも　もっていきなさい」

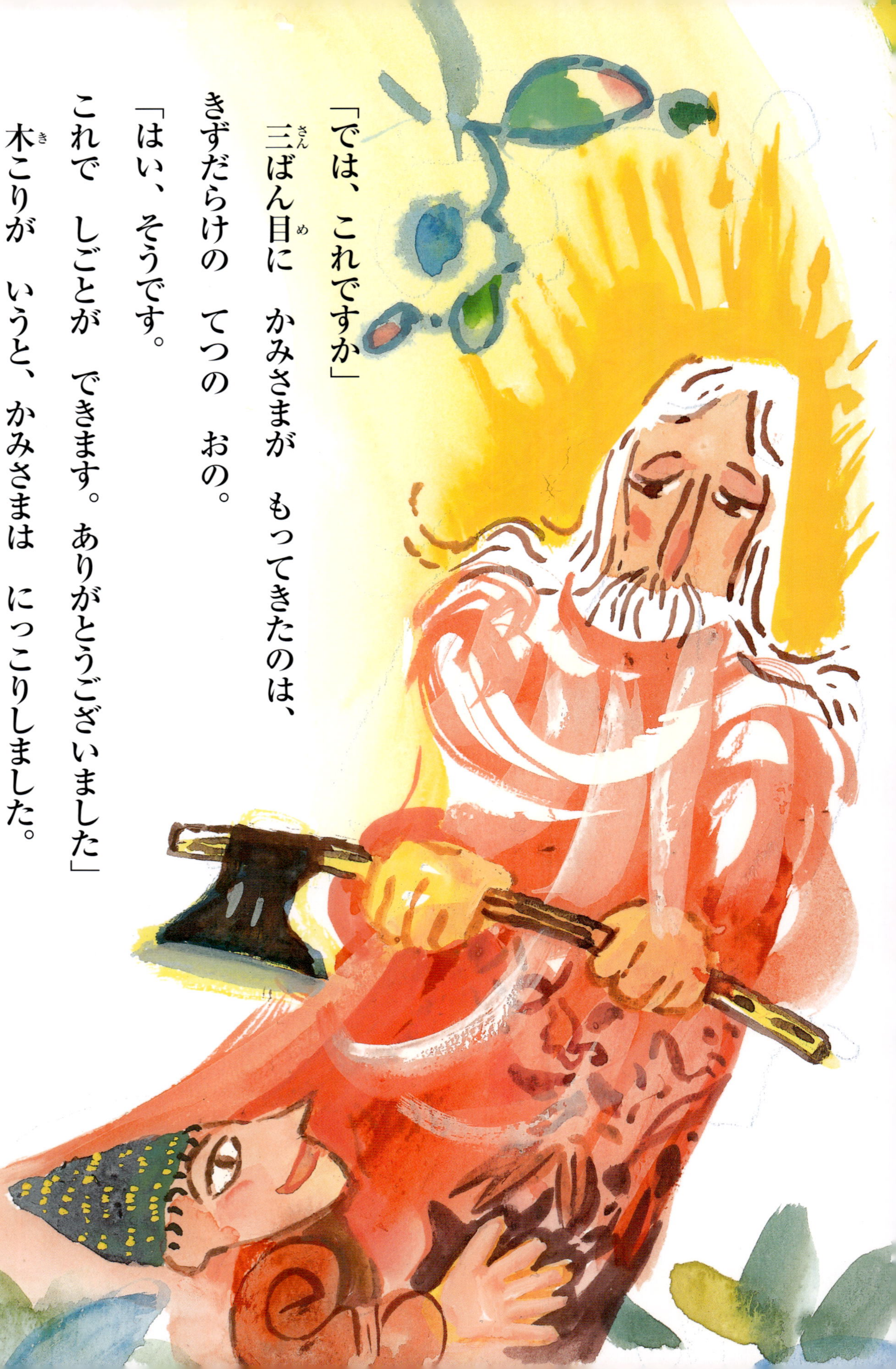

はなしを　きいた
よくばりな　木こりは、
大いそぎで　森へ　いきました。
てつの　おのを　いけに　なげこんで、
おいおい　なきまねを　しました。
「ああ、どうしよう　どうしよう」
すると、かみさまが　あらわれて
いいました。

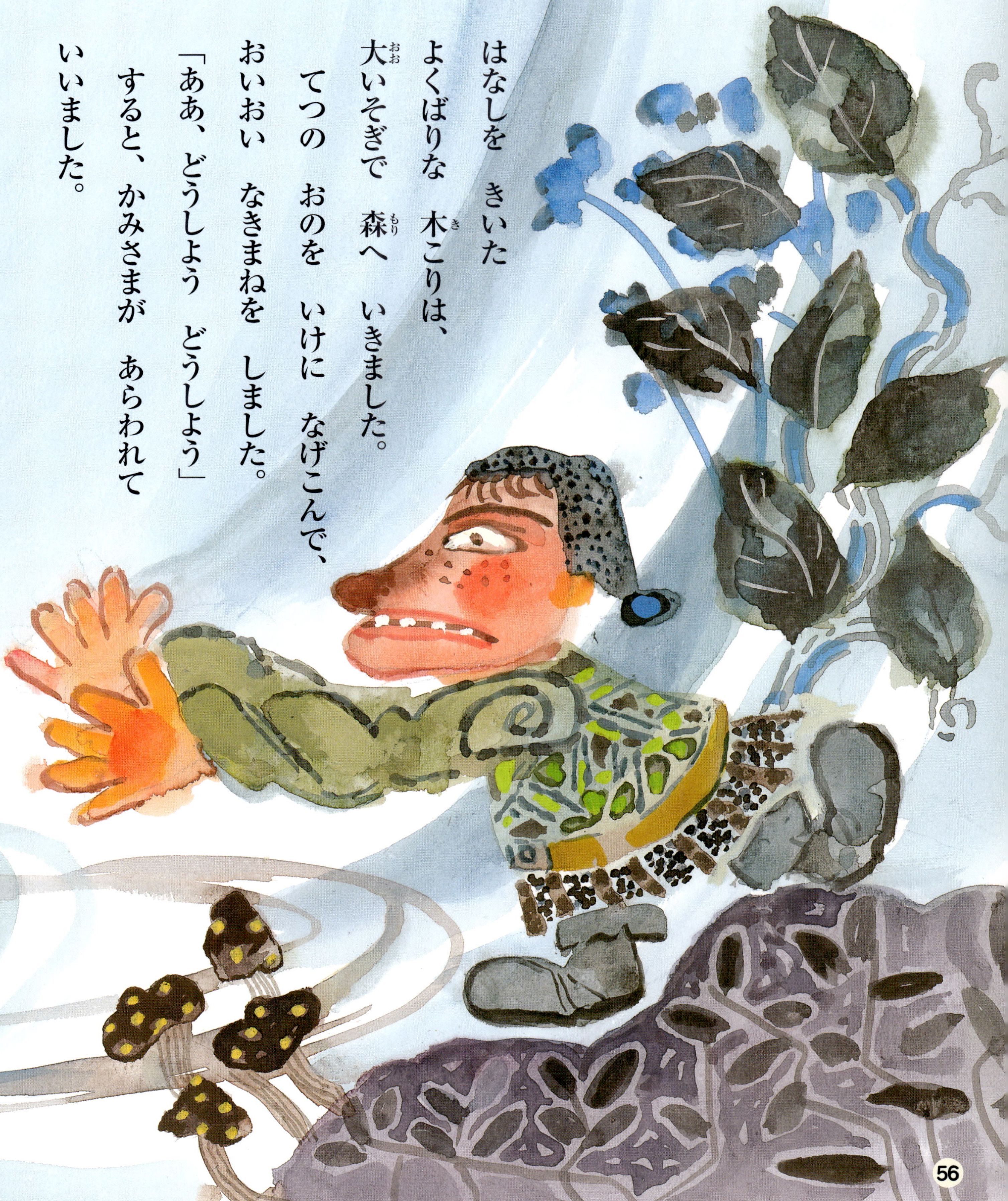

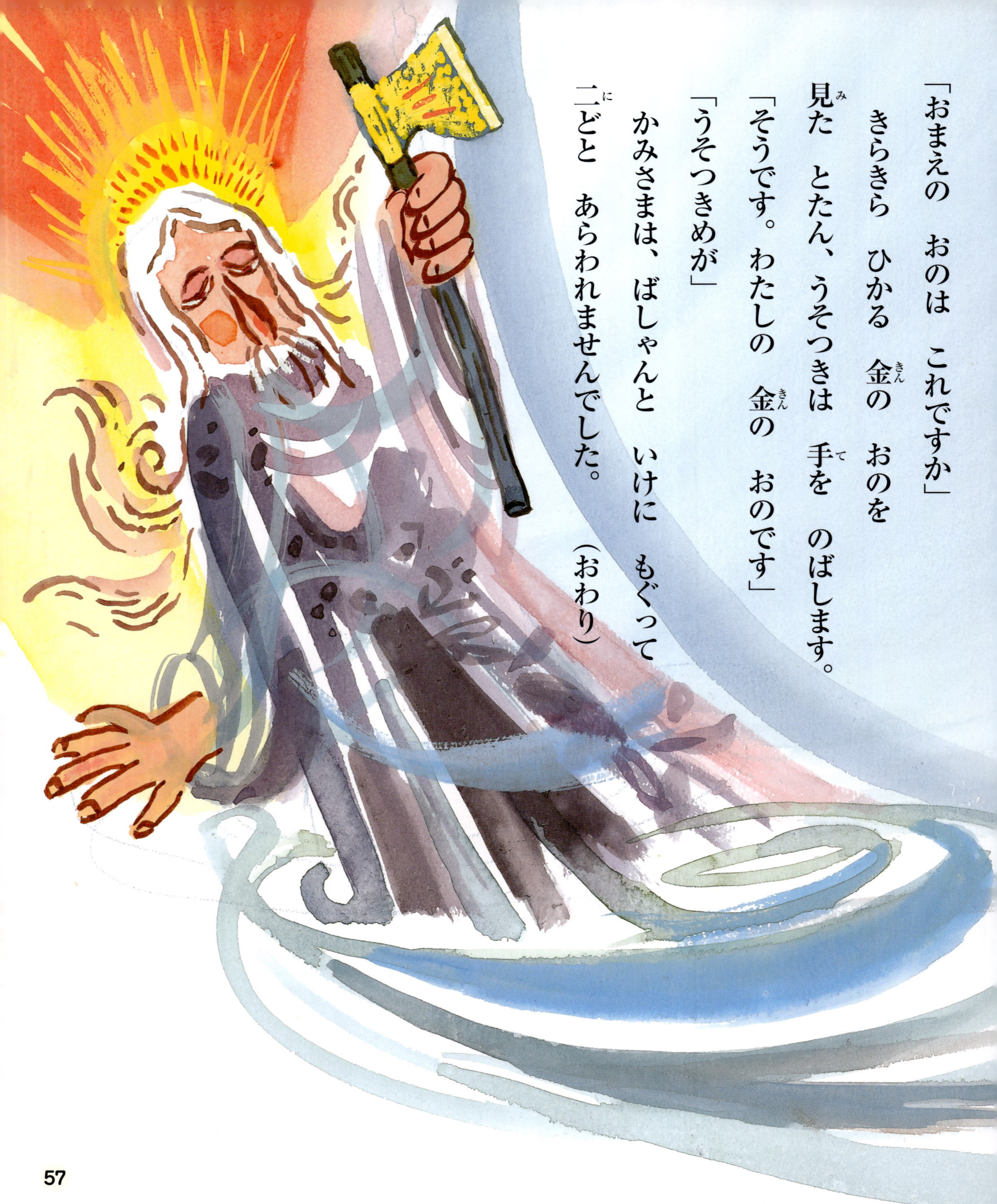

「おまえの　おのは　これですか」

きらきら　ひかる　金の　おのを
見た　とたん、うそつきは　手を　のばします。

「そうです。わたしの　金の　おのです」

「うそつきめが」

かみさまは、ばしゃんと　いけに　もぐって
二どと　あらわれませんでした。

（おわり）

いなかのねずみと　町のねずみ

文・岡本一郎
絵・徳田徳志芸

いなかの　ねずみの　うちへ、ひょっこり
町の　ねずみが　やってきました。
いなかの　ねずみは　大よろこび。

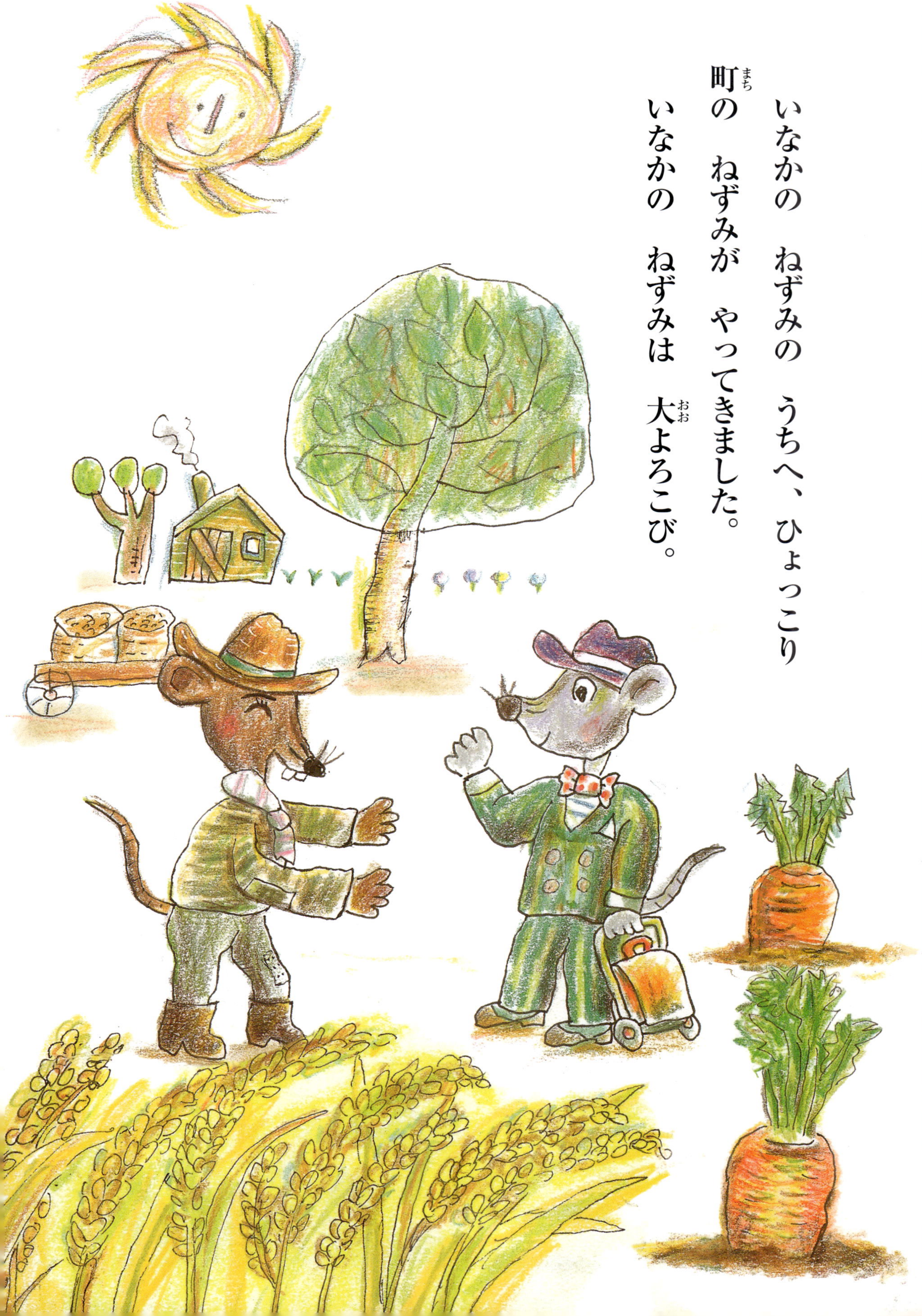

「ようこそ　町の　ねずみさん。
さあ、ごちそうを　たくさん　めし上がれ」
にんじん　じゃがいも
さつまいも。
「なあんだ
こんなもの、
まずくて
たべられない」
町の　ねずみは　ひと口
かじって　いいました。
「ぼくの　うちへ　きてごらん。
おいしい　ものが
いろいろ　あるよ」

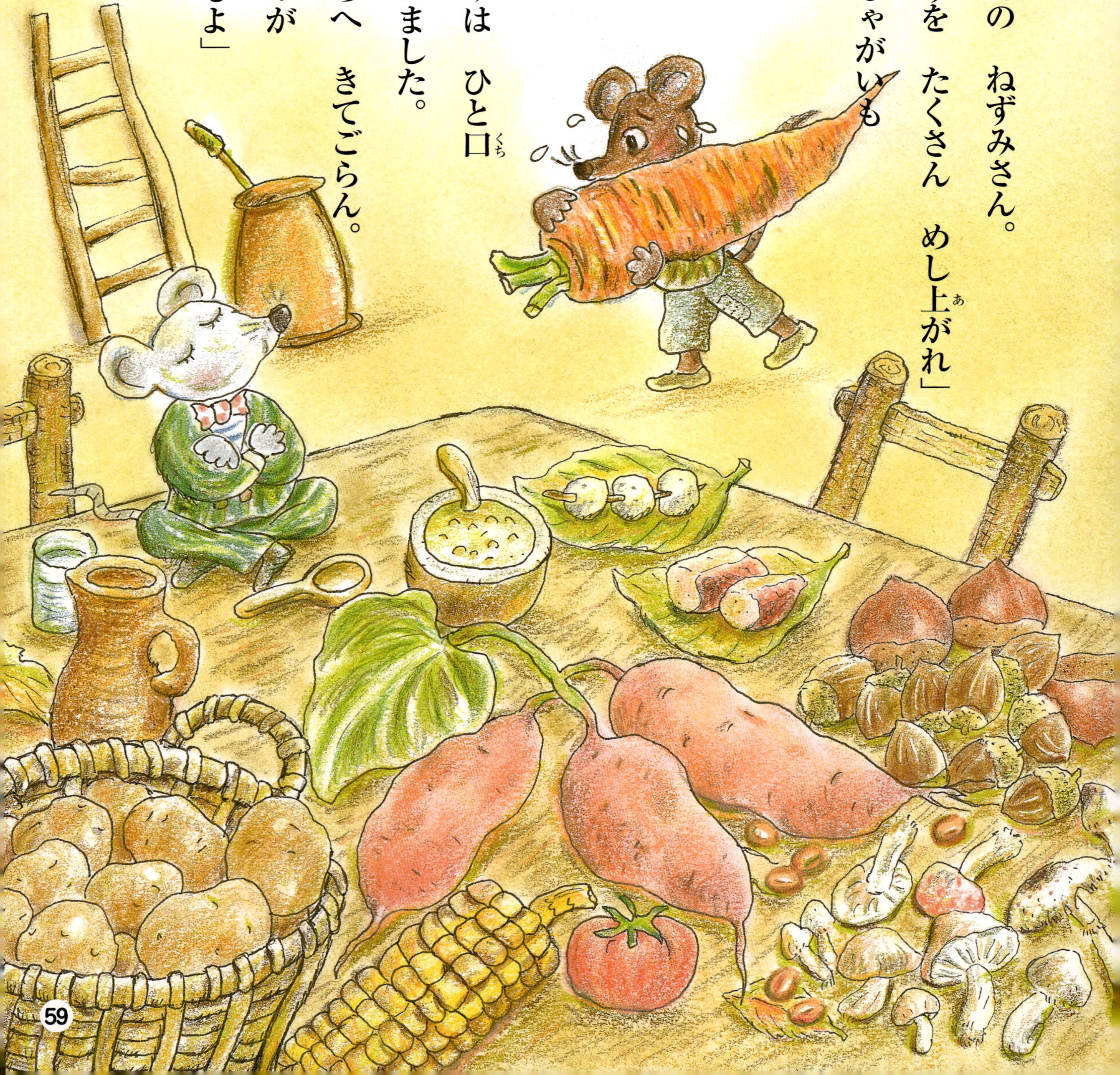

そこで、いなかの　ねずみは
町（まち）の　ねずみの　うちへ
いきました。

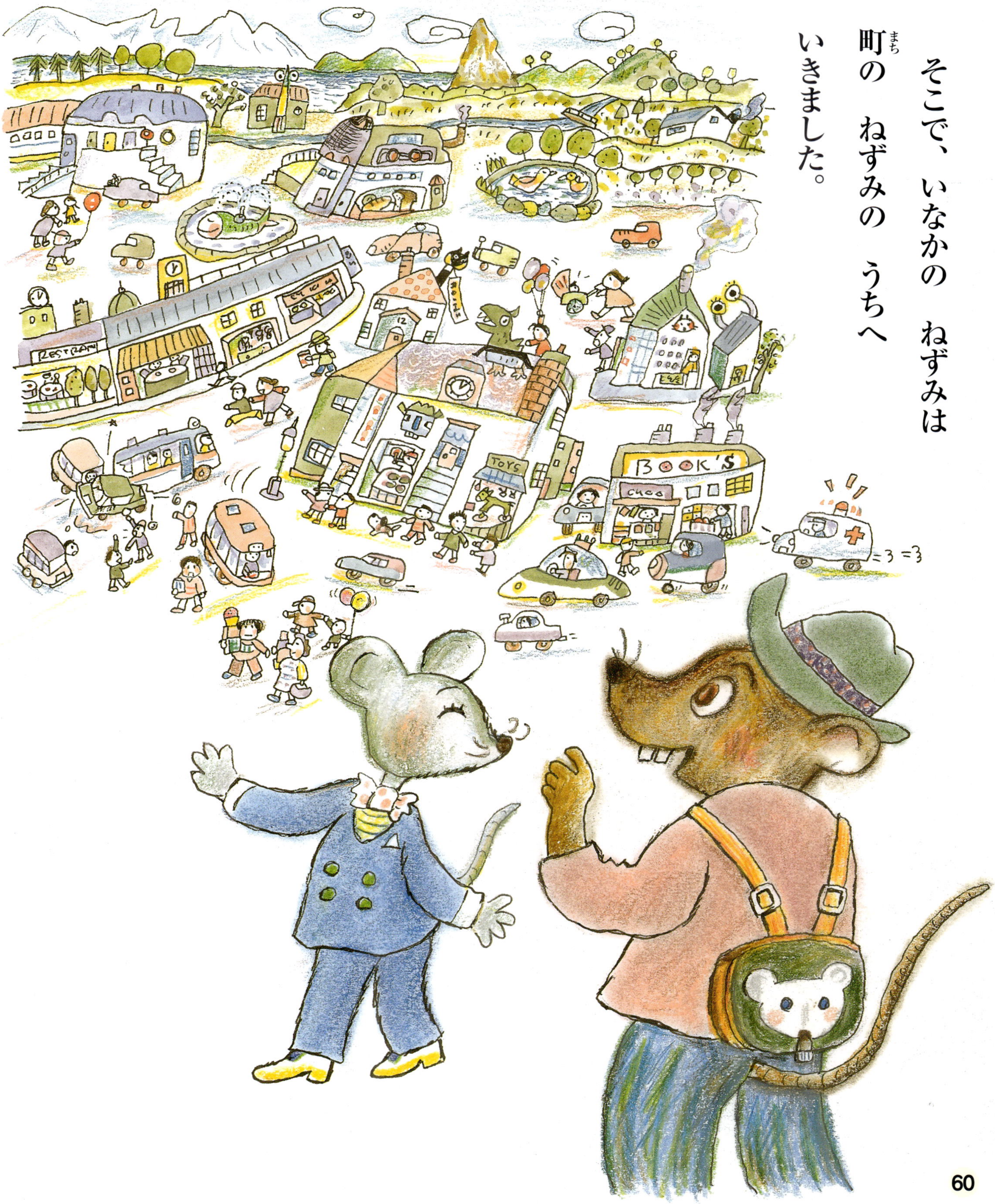

「いなかの　ねずみくん。
えんりょしないで
たべてくれたまえ」
チーズに　ケーキに
アップルパイ、デザートには
おいしい　フルーツも……。
いなかの
ねずみは　目を
まんまるくして
いいました。
「こんなに　おいしい　ものを
まい日　たべているなんて、
なんて　しあわせな　町の　ねずみさん」
そのときです。

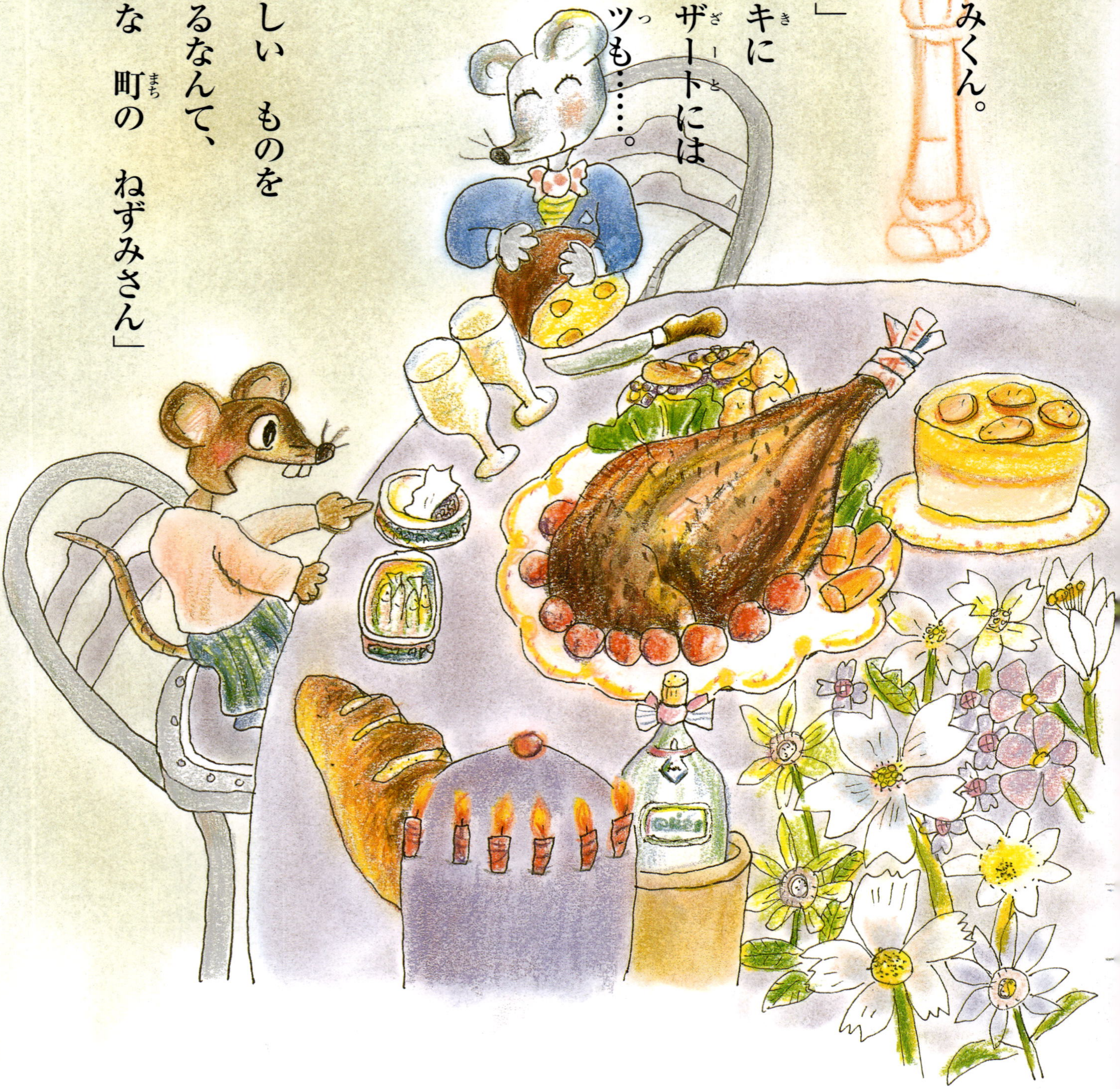

がたん……
と、ドアが　あいて
うちの　人が
出てきたのです。
「あっ、にんげんだ。
それ、にげろ」
あわてて　二ひきの
ねずみは　テーブルの
下に　かくれました。

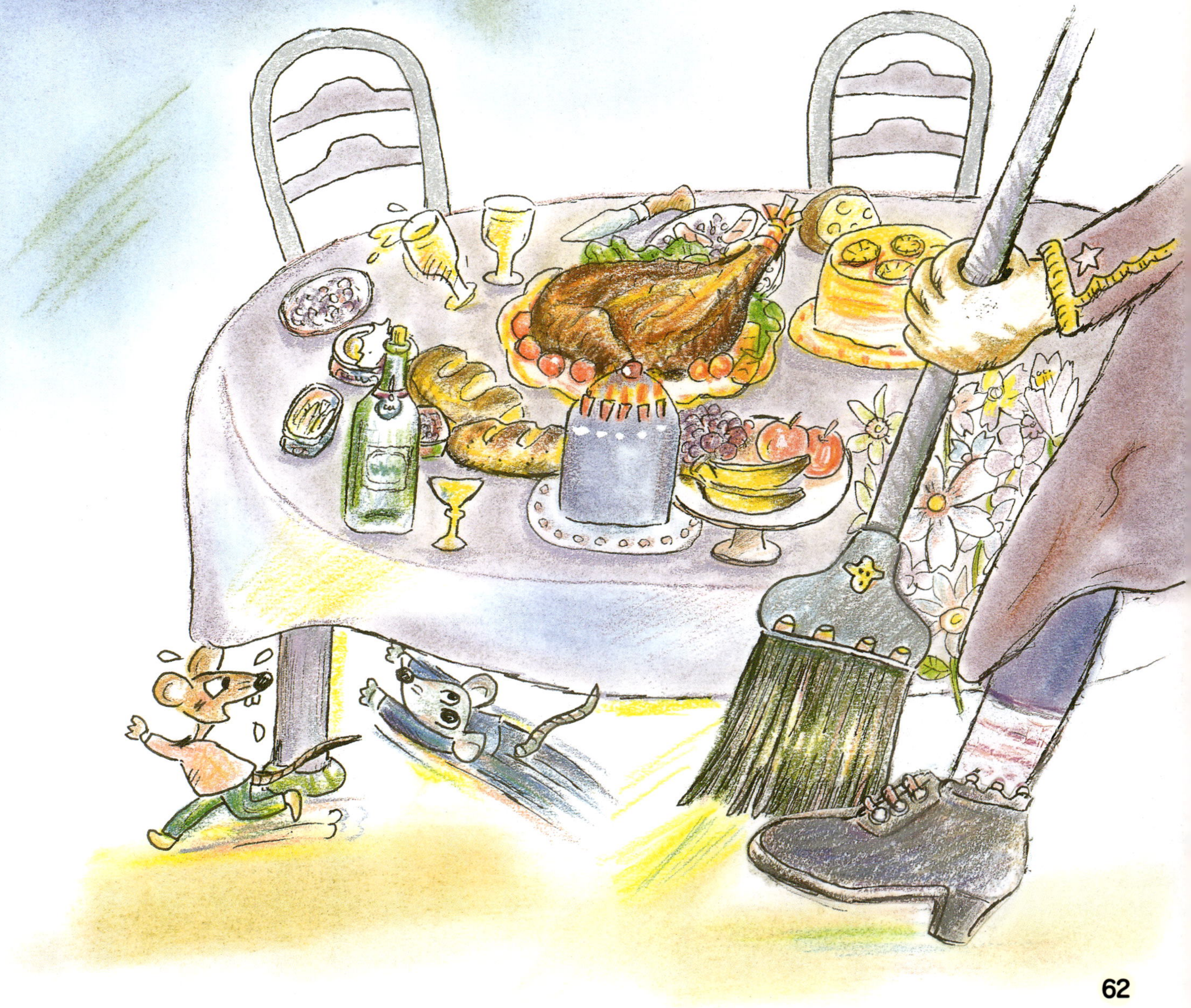

「もう　だいじょうぶ」
もどって　ごちそうを
たべようと　すると、
こんどは　犬（いぬ）と
ねこが　とび出（だ）してきました。
「きゃっ、たすけてー」
「かべの　あなに
にげるんだ、いなかの
ねずみくん」

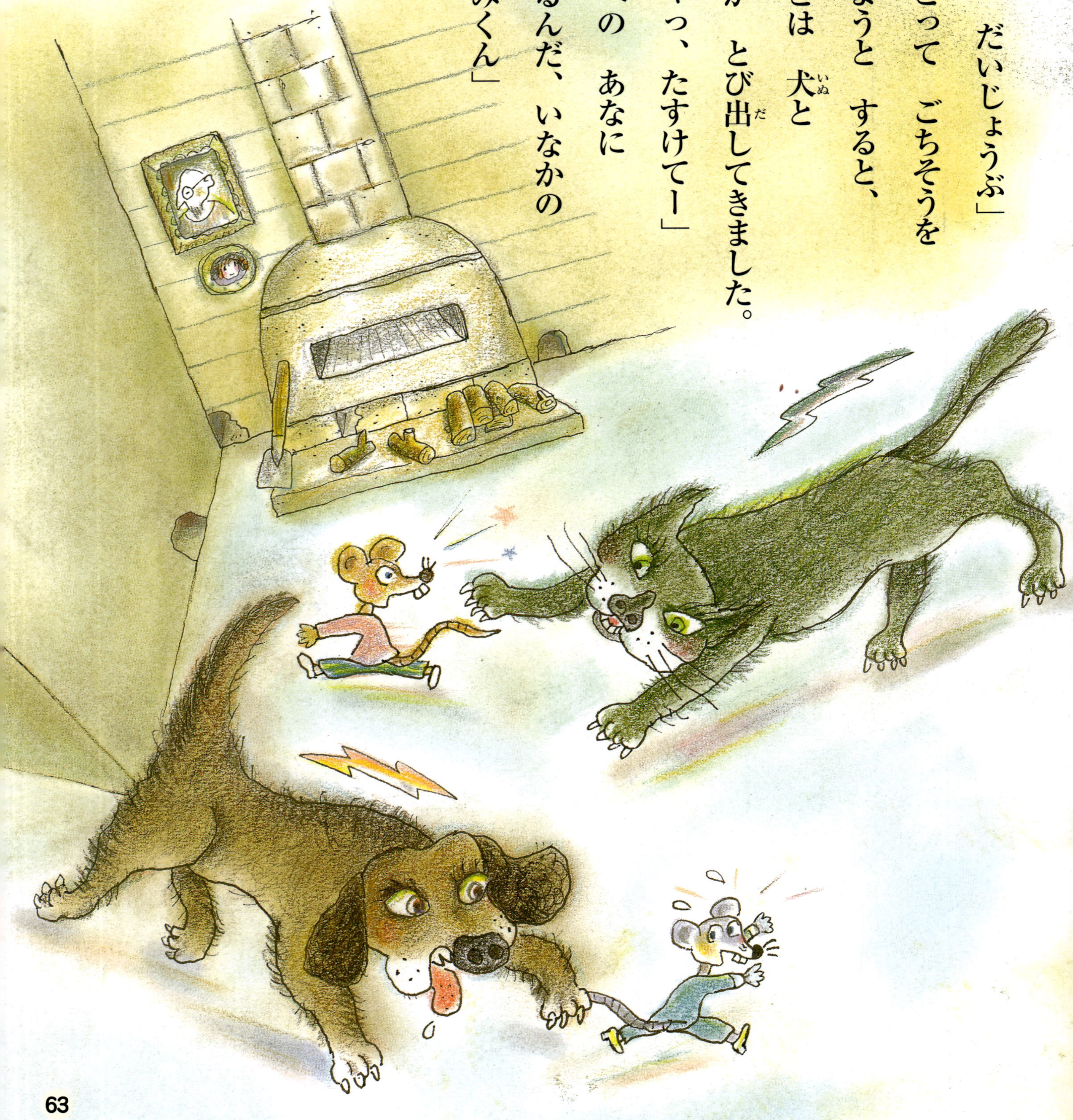

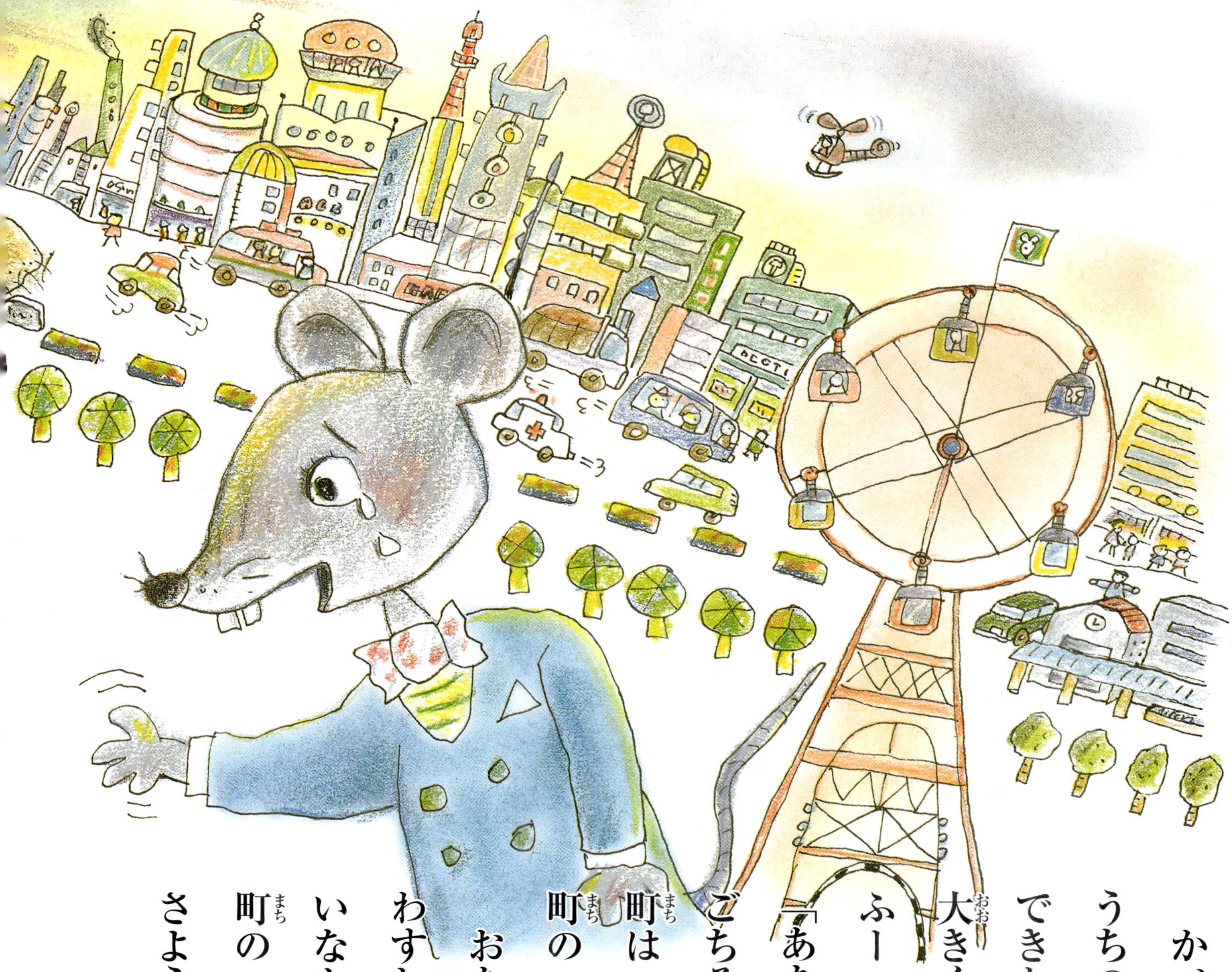

かべの　あなを　とおって
うちの　そとに　出る　ことが
できた　いなかの　ねずみは、
大きく　いきを　ついて
ふー　ふー　ふーっ。
「ああ、おどろいた。
ごちそうは　あっても
町は　こわいね、
町の　ねずみさん」
おなかが　すいているのも
わすれて、
いなかの　ねずみは
町の　ねずみに
さようならを　いいました。

（おわり）

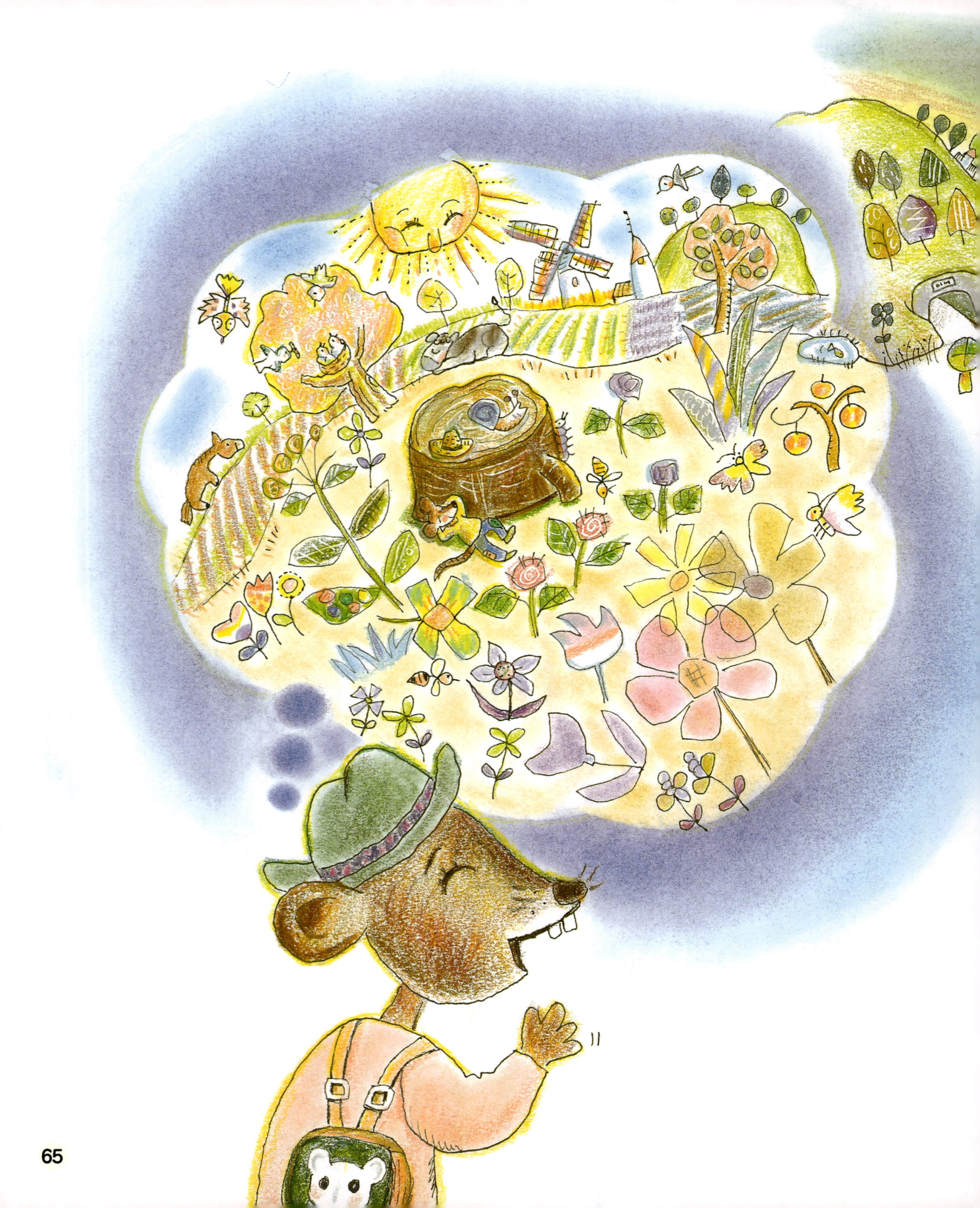

よくばりな 犬

文・岡本一郎
絵・河野あさ子

にくを　くわえた
犬が　はしの　上まで
やって　きた　ときの　ことです。
（おや……）
水の　中にも　もう一ぴき
にくを　くわえた　犬が　いて、
こちらを　見ています。
（あっちの　にくの　ほうが
大きそうだぞ）

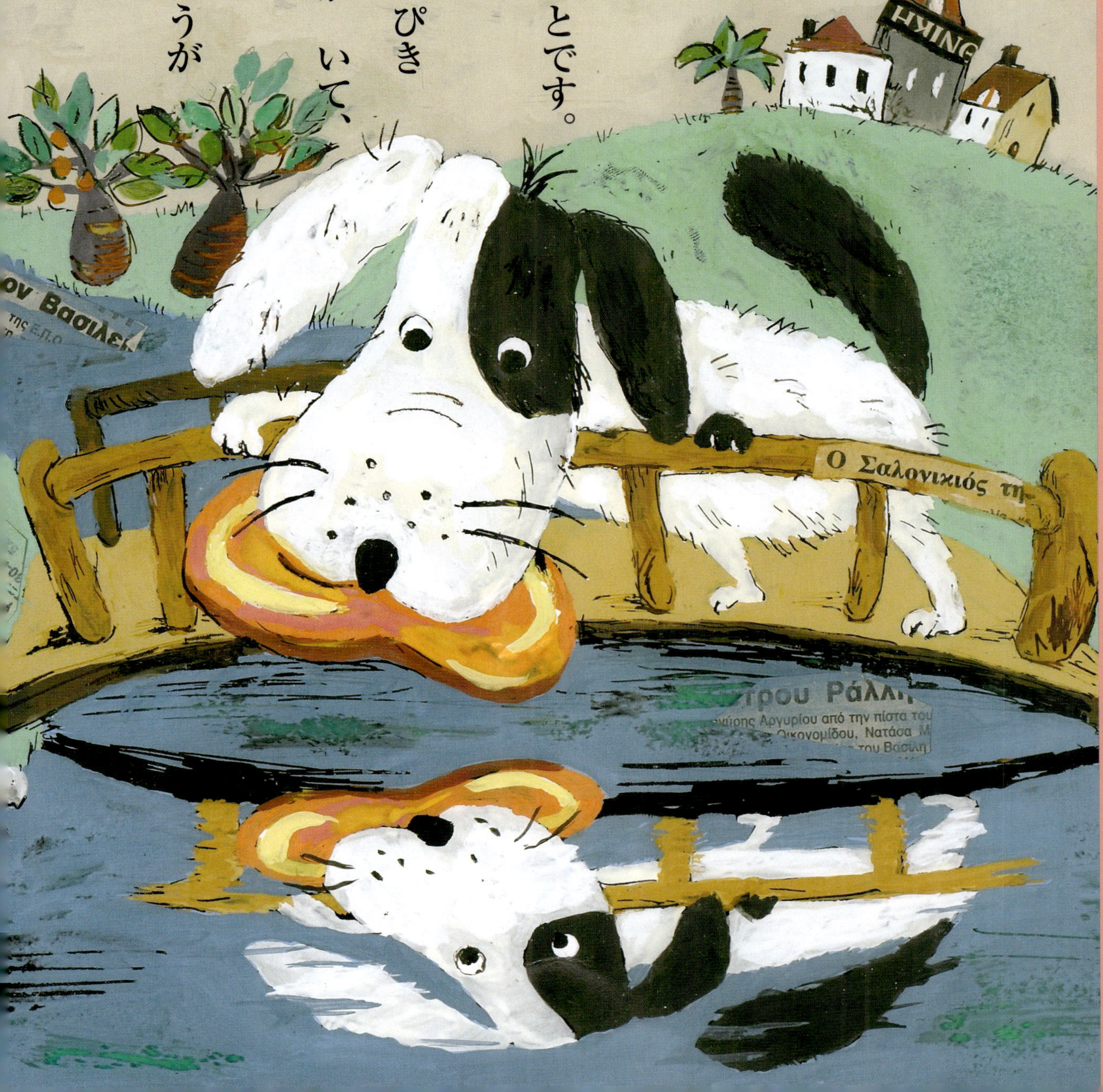

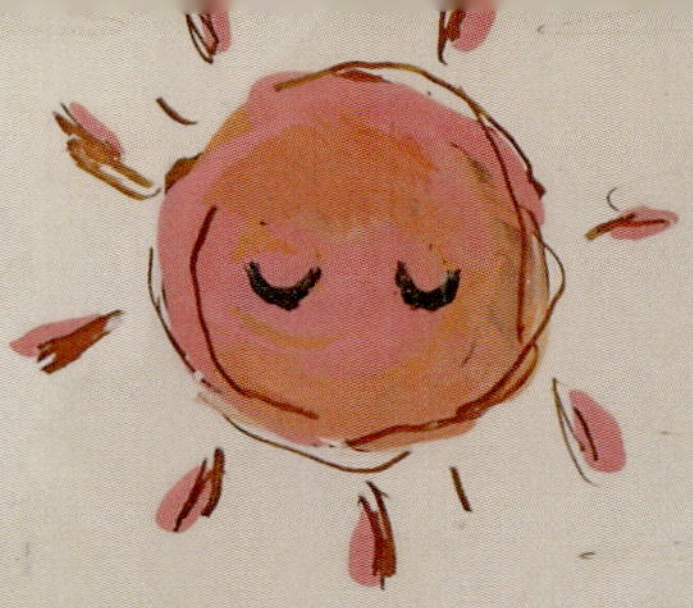

（よーし、あいつを
おどかして　あのにくを
いただいてやれ）
　そこで　犬は　大きな
こえで　ほえました。
「ううっ、わん」
　そのとたんに　くわえていた
にくは　川の　中へ　ぽちゃん。
……よくばるからですよねえ。

（おわり）

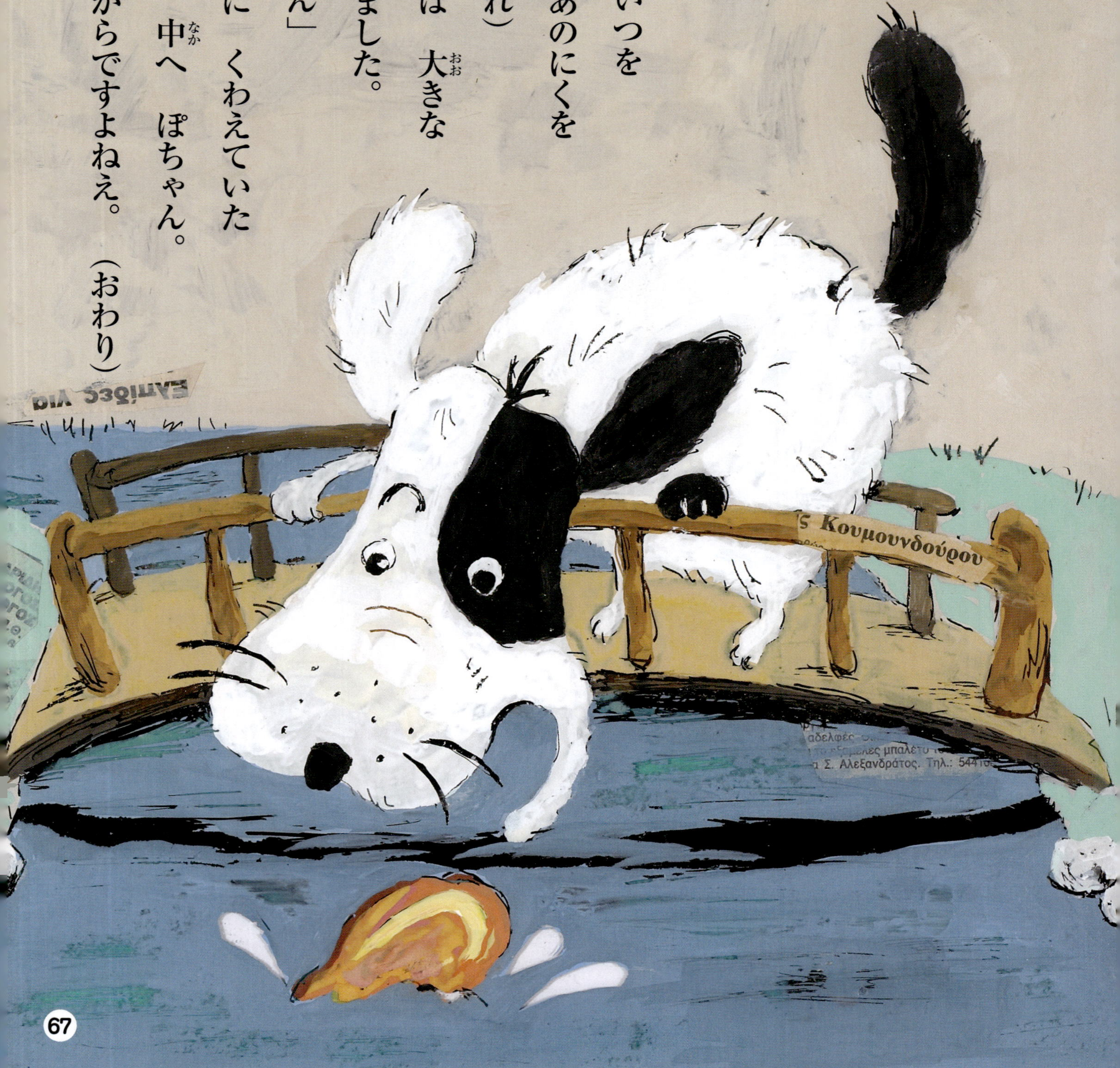

こうもり

むかし　むかし。
とりたちと　けものたちが
けんかを　していた　ころの　ことです。
こうもりが　木から　おっこちて、
けものたちに　つかまって　しまいました。
「あっ、こいつは　とりだぞ。はねが　ある」
「やっつけろ！」

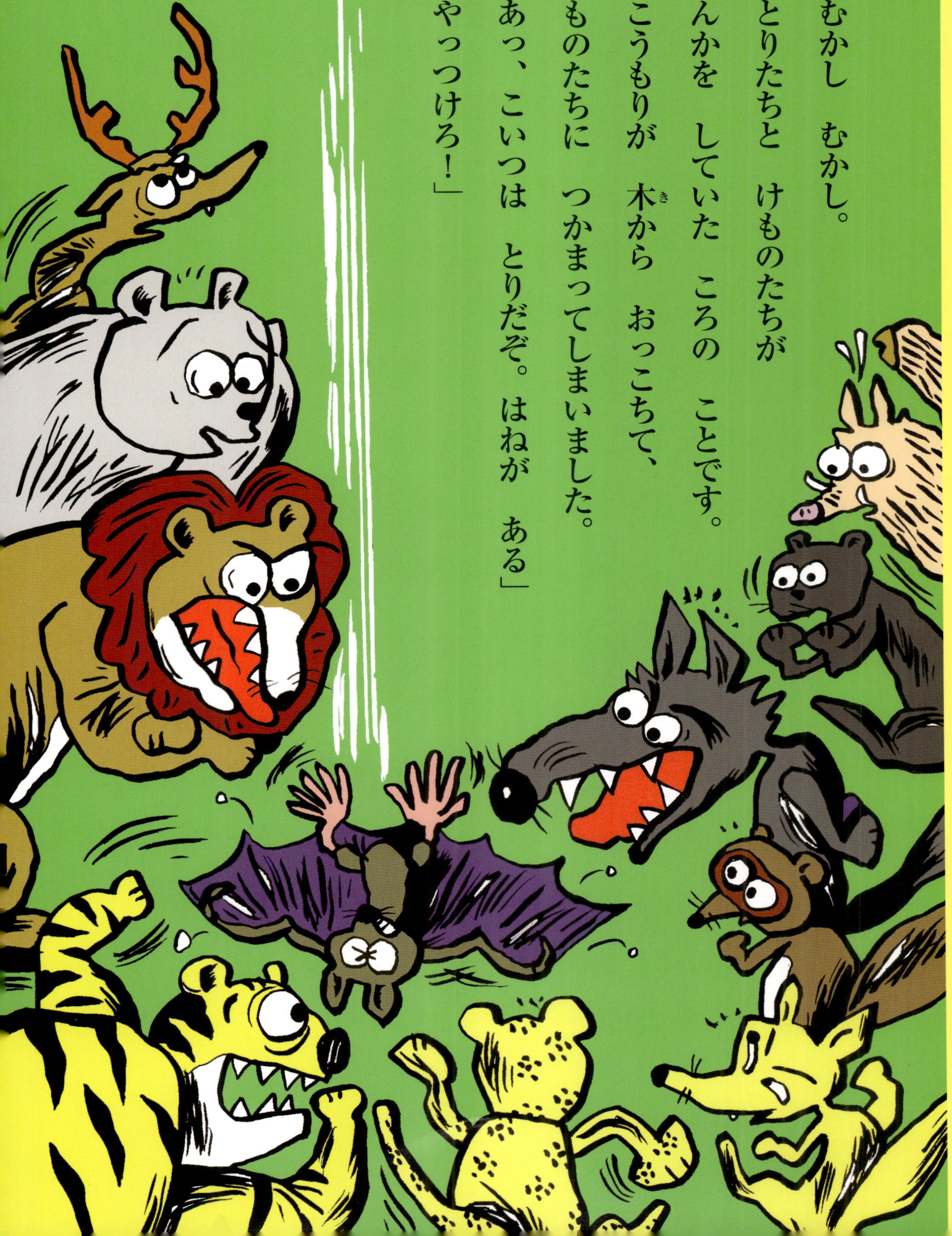

文●すえよしあきこ
絵●おくだれいこ

けものたちに
ぽかぽか　なぐられそうに
なった　とき、こうもりは　いいました。
「ま、まってください。ぼくは
とりじゃない。ねずみですよ。
ほら、ねずみと　おんなじ　かおを
しているでしょう」
そう　いって　こうもりは　なんとか
にがしてもらいました。

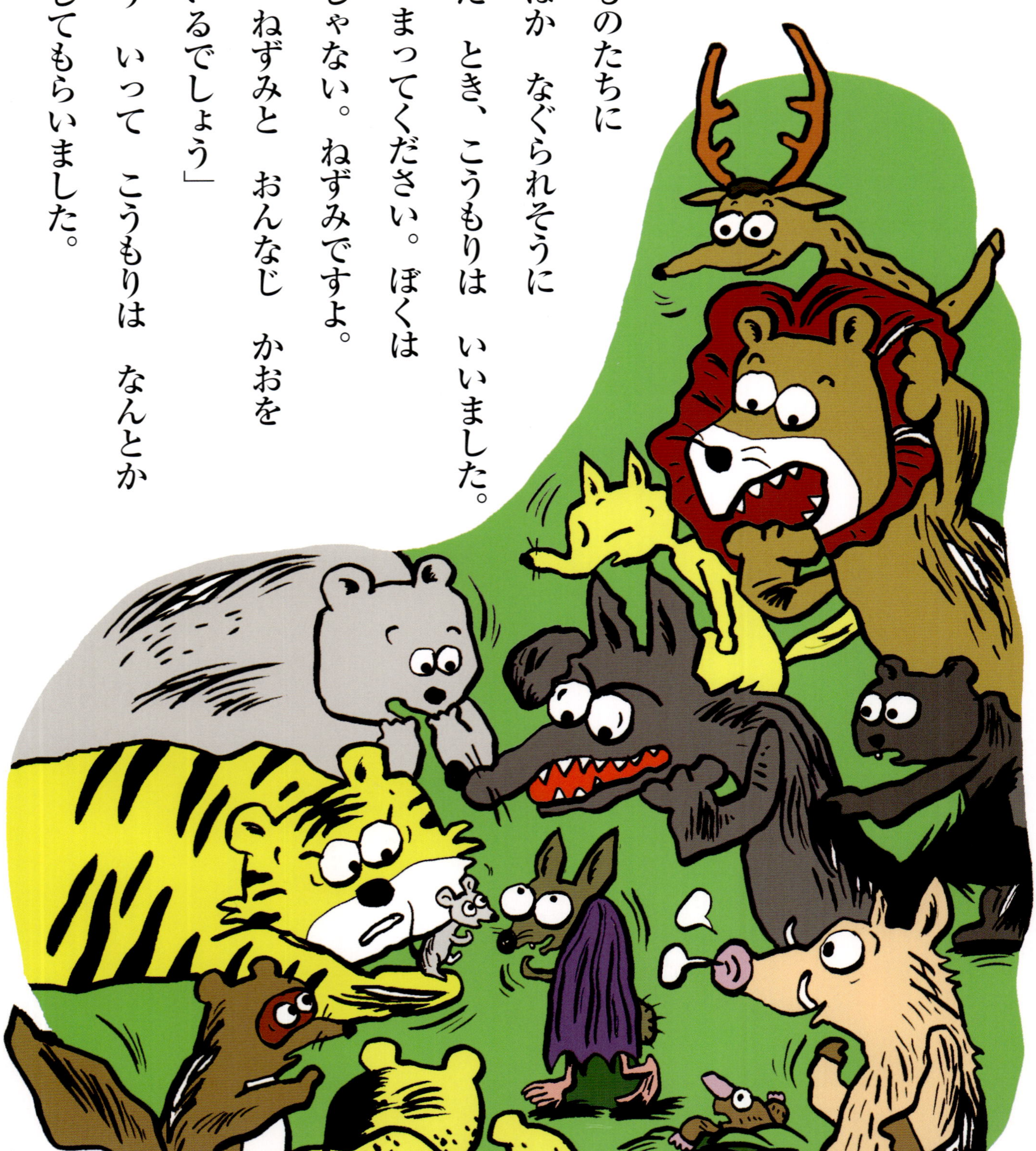

しばらく　たってから、こうもりは
また　木(き)から　おちて、こんどは　とりたちに
つかまってしまいました。
「おまえは　ねずみだな」
「やっつけろ！」
　とりたちに　よってたかって
つつかれそうに　なった　とき、
こうもりは　いいました。
「わあ、ぼくは　ねずみじゃないよ、とりだってば。
ほら、こんなに　大(おお)きな　はねが　あるだろう」
　こうもりは　はねを　ひろげて　見(み)せました。
「へんだなあ」
「ほんとかなあ」
　とりたちが　ぶつぶつ　いっているうちに
こうもりは　さっさと　にげていきました。

（おわり）

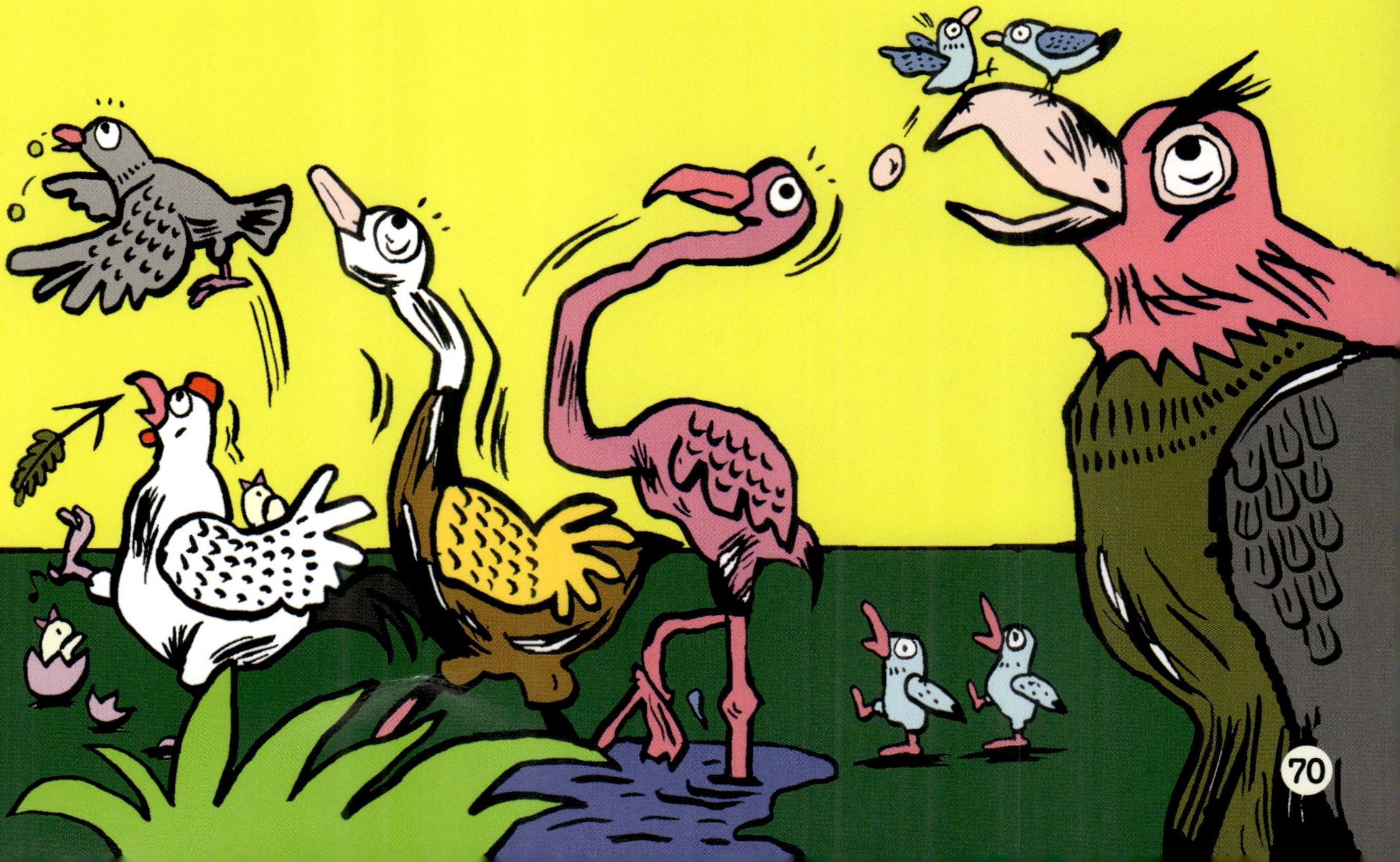

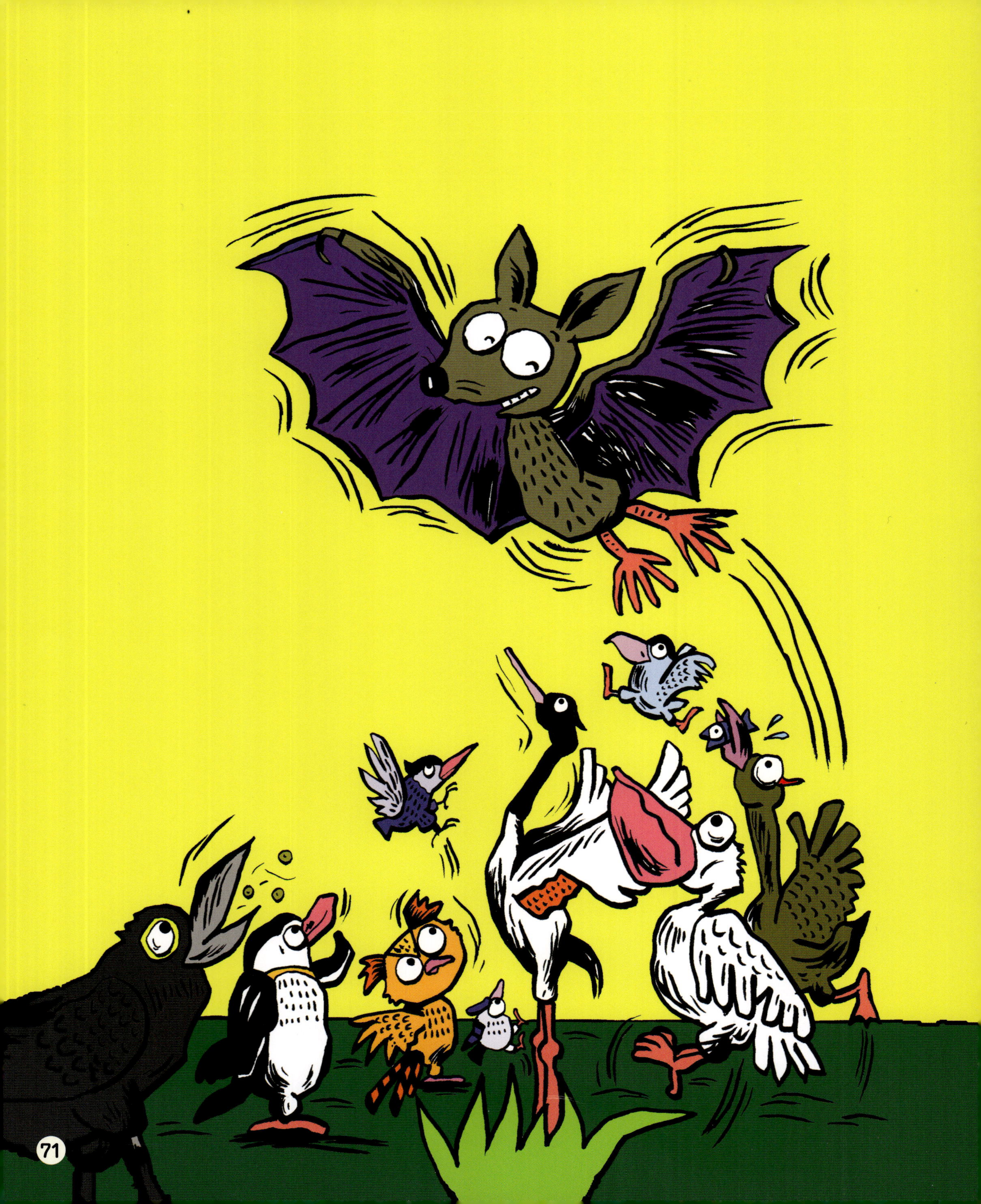

きつねと　ぶどう

文●すえよしあきこ
絵●樋口大寒

はらぺこの　きつねが
あるいていました。
「おっ、おいしそうな
ぶどうの　みが
あんなに　たれさがっているぞ」
きつねは　ぴょうんと
とび上がって、ぶどうを
たべようと　しました。
でも　とどきません。

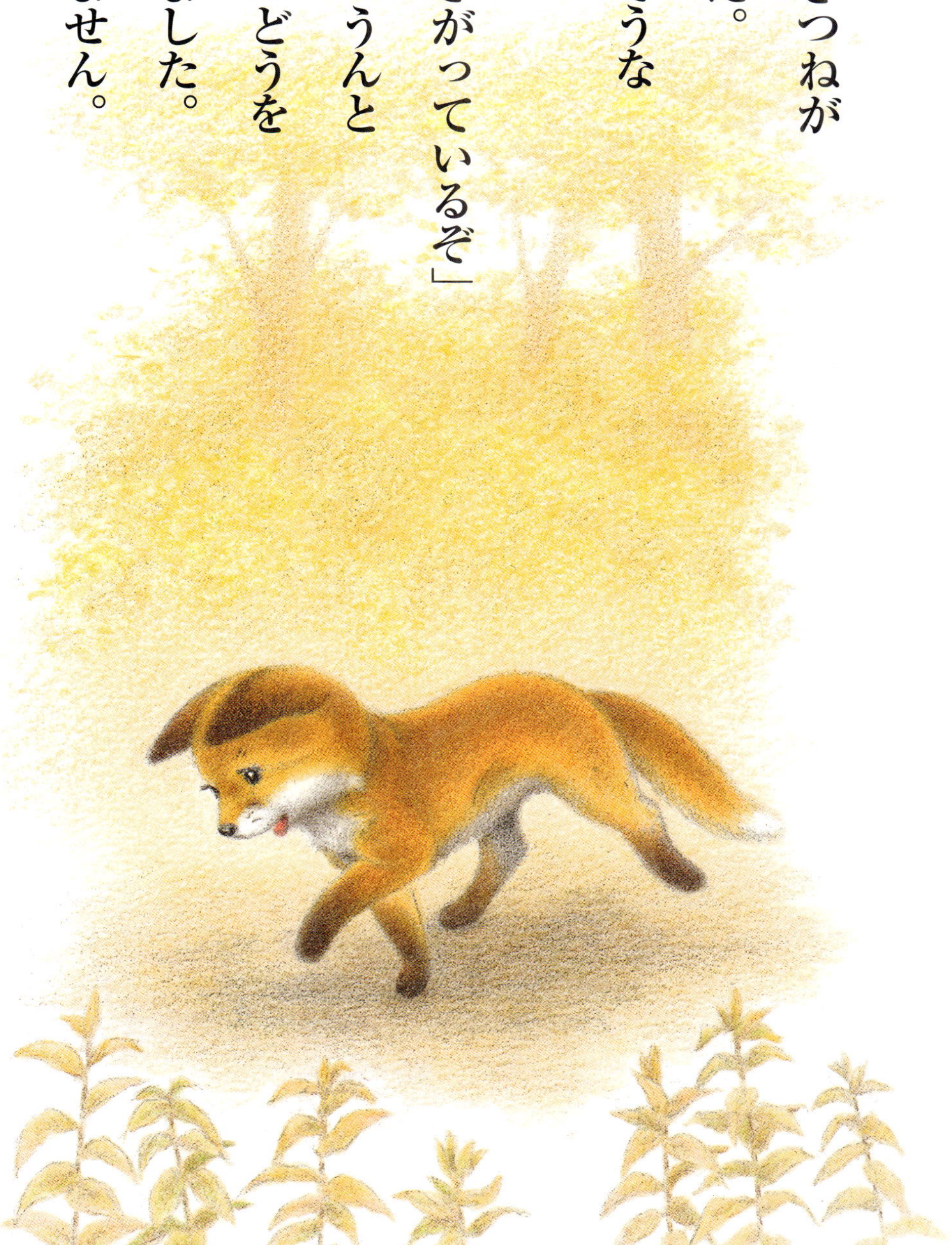

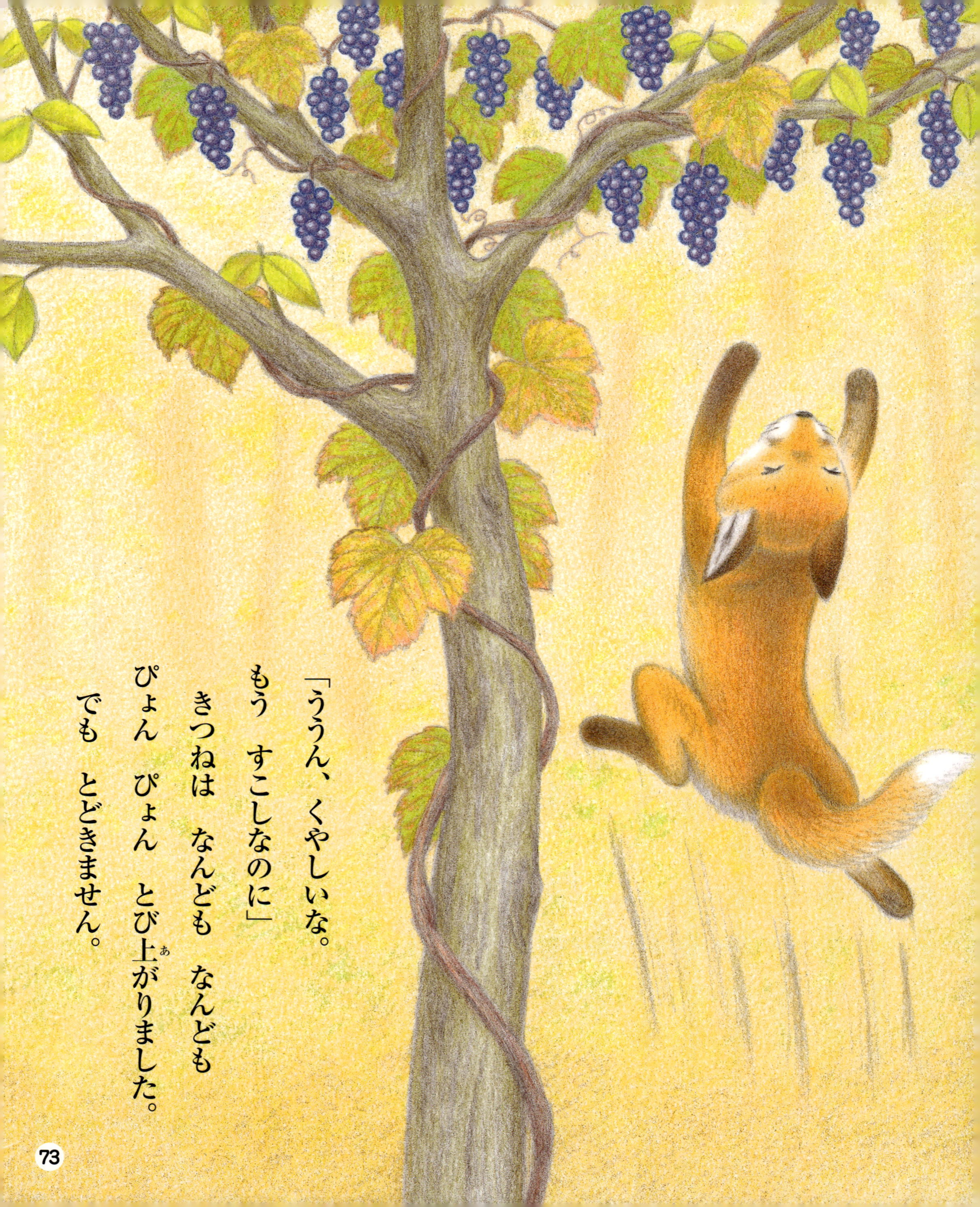

「ううん、くやしいな。
もう　すこしなのに」
きつねは　なんども　なんども
ぴょん　ぴょん　とび上がりました。
でも　とどきません。

「ふんだ。どうせ　あのぶどうは
まだ　うれてないんだよ」
きつねは　そう　いって
いってしまいました。

（おわり）

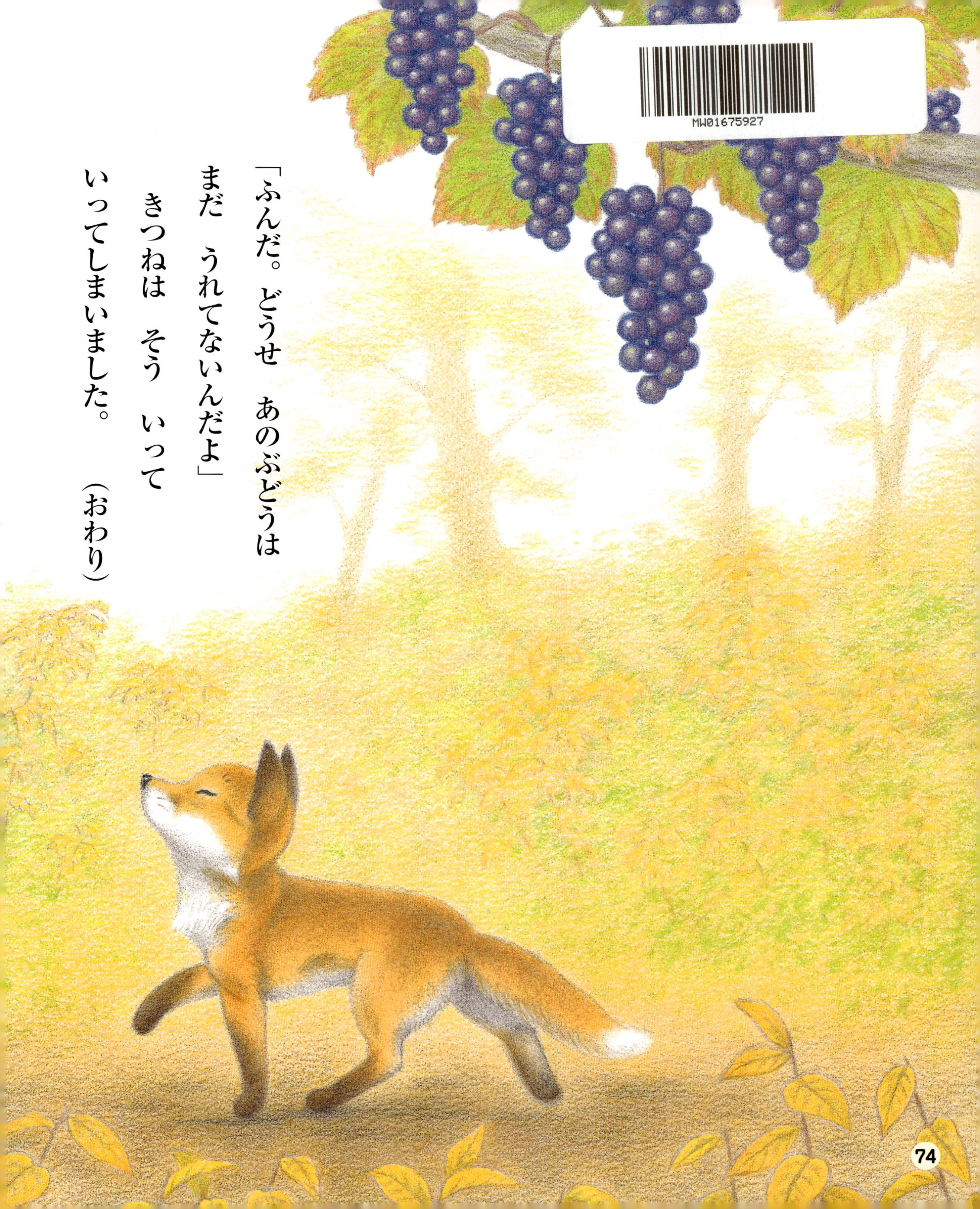